Jean Vanier
Von Liebe, Hoffnung und den letzten Dingen

JEAN VANIER

Von Liebe, Hoffnung und den letzten Dingen

Deutsch von Ulrike Strerath-Bolz

FREIBURG · BASEL · WIEN

Titel der Originalausgabe:
Life's Great Questions
Copyright © 2015, Jean Vanier. Alle Rechte vorbehalten.
Veröffentlicht von Franciscan Media, Cincinnati/Ohio, USA, 2015

Als deutsche Bibelübersetzung ist zugrunde gelegt:
Die Bibel. Die Heilige Schrift
des Alten und Neuen Bundes.
Vollständige deutschsprachige Ausgabe
© Verlag Herder GmbH, Freiburg im Breisgau 2005

© der deutschsprachigen Ausgabe:
© Verlag Herder GmbH, Freiburg im Breisgau 2017
Alle Rechte vorbehalten
www.herder.de

Satz: Rainer Moers, Mönchengladbach
Herstellung: CPI books GmbH, Leck
Printed in Germany

ISBN 978-3-451-32072-9

Dieses Buch wurde in enger Zusammenarbeit mit Janet Whitney-Brown geschrieben, die Weisheit, Erkenntnis und Kompetenz einbrachte, um denen zu helfen, die Fragen haben und die nach dem Geheimnis unserer Welt suchen.

Inhalt

Vorwort

Die frühen Kirchenväter gingen davon aus, dass jeder Mensch
zwei Seelen und zwei Herzen hat. In jedem von uns, so glaubten
sie, gibt es ein edles, großes Herz und eine ebensolche Seele. Aber
wir besitzen auch ein kleinliches, enges Herz und eine ebensolche
Seele. Mit dieser Konstruktion erklärten sie sich die große Band-
breite unserer Gefühle und unseres Handelns, die Tatsache, dass
wir manchmal edel, großzügig, großherzig und heilig sind und zu
anderen Zeiten kleinlich, bitter, engherzig und egoistisch. Es
hängt eben davon ab, welches Herz und welcher Geist gerade in
Aktion tritt. Jean Vaniers Leben, Dienst und Wirken – und das
vorliegende Buch bildet da keine Ausnahme – sind eine Einladung an uns, von unserer edlen Seele und unserem großen Herzen
aus zu handeln. Jean Vanier bringt das Beste in uns und um uns
herum zum Vorschein.

Zum ersten Mal hörte ich einen Vortrag von Jean Vanier, als
ich mit zweiundzwanzig Jahren im Priesterseminar war. Für viele
meiner Freunde war er ein spiritueller Rockstar, aber dieser Hype
stieß mich eher ab. So ging ich mit Vorurteilen und Misstrauen
zu seinem Vortrag: So gut kann doch niemand sein! Aber er war
so gut. Zugegeben, »gut« ist ein zwiespältiger Begriff. Was bedeutet es, gut zu sein? Charisma kann etwas sehr Kraftvolles und
Verführerisches sein, im negativen wie im positiven Sinne.
Jemand kann ein kraftvoller Redner und Motivator sein, ohne
dass sein Charisma etwas über seine menschliche und moralische
Integrität aussagt und ohne dass seine Verführungskraft die Men-

schen zu etwas Höherem, Edlerem einlädt. Talent und Charisma sind ambivalent. Sie können uns zur Größe oder zur Selbstsucht verführen. Aber Jean Vaniers Person, Botschaft und Charisma haben in mehr als achtzig Jahren nie eine solche Ambivalenz besessen. Sie waren und sind »gut« im besten Sinne. Die Transparenz, Einfachheit, Tiefe, Weisheit und Glaubensstärke in seiner Person und in seinen Worten drängen uns nur in eine Richtung, nämlich zur Verbindung mit unserer großen Seele und unserem großen Herzen. Beides wohnt schon in uns – und in Gott. Jean Vanier bringt jeden, der in Kontakt mit ihm tritt, dazu, ein besserer Menschen sein zu wollen. Wer Jean Vanier trifft, möchte wie die Jünger in den Evangelien sein Boot und Netz am Ufer liegen lassen und einen neuen, radikaleren Weg einschlagen. Und er selbst geht mit seinem Beispiel voran.

Vielleicht liegt das beste Kriterium zur Beurteilung echter christlicher Nachfolge in unserer Welt in dem Blick auf die Bewegung nach unten. Auf wen trifft die Beschreibung zu, die Paulus im Brief an die Gemeinde in Philippi gibt, wenn er von Jesus sagt: »Der in der Daseinsweise Gottes war, hielt nicht daran fest, Gott gleich zu sein, sondern entäußerte sich selbst, nahm Sklavendasein an und wurde den Menschen gleich.« (Philipper 2,6 f.)? Jean Vanier wurde in ein privilegiertes Leben hineingeboren. Er hatte großartige Eltern, besaß Intelligenz, gutes Aussehen, beneidenswerte Bildungschancen, finanzielle Sicherheit und einen guten Namen. So viele Gaben sind manchmal schwer zu tragen und können zum Segen wie zum Fluch werden. Aber für Jean Vanier waren diese Gaben nichts, woran er festhalten musste. Er entäußerte sich ständig, entschied sich bewusst für ein Leben mit den Armen, und so wurden ihnen seine Gaben zum Segen. Aber er bekam auch viel zurück: Gemeinschaft und Glück. Jean Vanier zeigt uns, was es heißt, ein wahrer Jünger Jesu zu sein. Echte Nachfolge vollzieht sich im Weg nach unten, hin zu einer zweiten Taufe durch das Leben mit den Armen. Dort lassen sich Gemeinschaft und Freude finden. Und dazu lädt er uns ein.

Jean Vanier hat in seinem langen Leben die Türen zu den Hütten der Armen geöffnet und dort Gemeinschaft und Freude gefunden. Dieses Buch lädt uns ein, nach solchen Türen zu suchen, und es sagt uns zu, dass unsere rastlose Suche enden wird, wenn wir hindurchgehen. Dann werden wir zu Hause sein.

Ronald Rolheiser, San Antonio, Texas, 28. Mai 2015

Einleitung

Was von Anfang war,
was wir gehört
und mit unseren Augen gesehen haben,
was wir geschaut und was unsere Hände berührt haben,
vom Wort des Lebens –
... das verkündigen wir.
1 Johannes 1,1

In diesem Buch geht es um Fragen. Es geht darum, unsere Erfahrung – das, was wir gehört, gesehen, geschaut und berührt haben – aufzugreifen und die Frage zu wagen, was all das bedeutet. Was tun wir in einer Welt wie der unsrigen? Ist meine Wirklichkeit dieselbe wie die eines anderen Menschen? Warum gibt es Gewalt? Was bedeutet es, einander zu lieben? Wer ist schuld an all der Armut, Umweltzerstörung und Ungerechtigkeit, von der ich aus dem Fernsehen, den Zeitungen und eigenem Erleben erfahre? Wo ist Gott in all dem?

Wir müssen uns trauen, Fragen zu stellen! Warum schläft diese Frau auf der Straße? Wo liegt der Unterschied zwischen »fairem« und »freiem« Handel? Wie kann ich Menschen zuhören, die sich nicht in Worten ausdrücken können? Warum begeistern mich die glühenden Farben eines Sonnenuntergangs? An welchem Punkt kann es nötig sein, zu den Waffen zu greifen? Woher kommen Terroristen? Was meint Jesus, wenn er sagt, dass derjenige, der sein Leben liebt, es verlieren wird (vgl. Johannes 12,25)? Und was passiert, wenn ich keinen großen Ehrgeiz besitze, mich für soziale Gerechtigkeit und eine bessere Welt einzusetzen?

Fragen sind wie Ringkämpfe. Wir bemerken etwas Fremdes, das wir nicht verstehen. Jetzt können wir entweder weggehen oder aber uns engagieren und uns selbst und das Fremde herausfordern.

Im ersten Buch der Bibel, dem Buch Genesis, gibt es eine wunderbare Ringkampf-Geschichte. Ein Fremder greift Jakob in der Nacht an, und sie kämpfen lange miteinander:

> Da rang ein Mann mit ihm bis zum Anbruch der Morgenröte. Als dieser sah, dass er ihn nicht überwinden konnte, schlug er ihn auf die Hüfte, sodass das Hüftgelenk Jakobs ausgerenkt wurde, während er mit ihm rang. Darauf sprach der Mann: Lass mich los, denn die Morgenröte bricht an! Jakob aber sagte: Ich lasse dich nicht, bis du mich gesegnet hast. Der Mann sprach zu ihm: Wie heißt du? Er antwortete: Jakob. Da sagte jener: Du sollst nicht mehr Jakob heißen, sondern Israel (Gottesstreiter); denn du hast mit Gott gestritten und über Menschen wirst du siegen. Da fragte Jakob und sprach: Nenne mir doch deinen Namen! Er aber antwortete: Warum fragst du mich nach meinem Namen? Darauf segnete er ihn dort.
>
> (Genesis 32,25–30)

Natürlich will ich damit nicht sagen, dass wir uns auf jeden Fremden stürzen sollen, der uns begegnet. Es geht eher um Folgendes: Wenn wir eine erschreckende, außergewöhnliche Erfahrung machen, dann dürfen wir sie nicht ignorieren. Wir müssen uns damit auseinandersetzen, bis wir zu neuen Erkenntnissen kommen. Die erste Erkenntnis in dieser Geschichte betrifft Jakob. »Du sollst nicht mehr Jakob heißen, sondern Israel.« Im Ringen mit den Fragen, im Fragenstellen und Ausweiten der Grenzen dessen, was wir wissen und was uns vertraut ist, lernen wir auch uns selbst besser kennen.

Die zweite Erkenntnis betrifft den Fremden. »Der Mann sprach zu ihm: Wie heißt du? Er antwortete: Jakob. Da sagte jener: Du sollst nicht mehr Jakob heißen, sondern Israel; denn du hast mit Gott gestritten und über Menschen wirst du siegen.« Jakob erkennt, dass er mit Gott gerungen hat. Aber Gottes ganze Identität wird nicht enthüllt, das Geheimnis bleibt. Selbst wenn wir zu keiner Lösung kommen, empfangen wir immer etwas: mehr Aufmerksamkeit, ein breiteres Verständnis für die Wirklichkeit, die Gnade, auf unserem Weg weiterzugehen. »Darauf segnete er ihn dort.«

In diesem Buch geht es nicht um Antworten. Eine Frage führt zur nächsten und zur übernächsten, sie nehmen uns mit auf eine Reise. Es geht nicht um Definitionen, sondern um Entdeckungen, um eine Pilgerfahrt der Gedanken und Ideen. Es geht darum, dass Sie und ich gemeinsam einen Weg zurücklegen, Erfahrungen der Liebe und Gier, des Hasses und der Freiheit, von Gott und den Menschen teilen. Es ist ein Buch über den Umgang und das Ringen mit der Wirklichkeit, über die Suche nach der Wahrheit. Das Geheimnis bleibt immer bei uns und lockt uns weiter.

Zu Beginn des Johannesevangeliums folgen zwei junge Männer Jesus. Vielleicht hoffen sie auf Antworten, vielleicht sind sie auch ein bisschen enttäuscht, als er sich umdreht und zu ihnen sagt: »Was sucht ihr?« Sie antworten mit einer Gegenfrage: »Meister, wo wohnst du?« (Johannes 1,38) Jesus antwortet darauf mit einer Einladung. Mit der Einladung etwas Neues zu erleben, das Normale und Vertraute hinter sich zu lassen und einen Weg hin zu etwas Neuem und Unerwartetem einzuschlagen: eine Reise des menschlichen Wachstums.

Ich hoffe, dies wird auch unsere Erfahrung sein, wenn wir von einer Frage zur anderen reisen, unsere Lebenserfahrungen ansehen, die Evangelien erforschen und etwas darüber erfahren, wer wir sind und was für eine Art Leben wir führen.

»Er antwortete ihnen: Kommt und seht! Sie gingen also mit ...« (Johannes 1,39)

Kapitel 1: Wie entstehen Ideen?

Im Jahr 1964 besuchte ich eine Einrichtung in einem kleinen französischen Dorf. Es war eine Anstalt für Menschen, die von der Gesellschaft als »Schwachsinnige, Idioten und Verrückte« bezeichnet wurden. Für vierzig Menschen war das Haus geplant – schon das war eine ganze Menge. Aber da der Bedarf so groß war, lebten achtzig Menschen dort. Ihre Betten standen eng beieinander, die Mahlzeiten verliefen chaotisch und laut. Das war kein Leben, es war ein Dahinvegetieren. Mehr war für diese Menschen nicht vorgesehen. Sie hatten kaum einen Wert in einer Gesellschaft, die auf Wissen und Wettstreit, Egozentrik und Effizienz, Preisschildern und Vorhersagbarkeit beruhte. War das »Hilfe«? Man könnte sagen, es war eine Hilfe für Eltern, die sonst nicht wussten, was sie mit ihren Kindern anfangen sollten. Man könnte auch sagen, es war eine Hilfe für den Staat, der diese Leute von der Straße holen musste. Aber den Männern und Frauen mit einer geistigen Behinderung half diese Institution jedenfalls nicht.

Wie war ein solcher Ort möglich? Waren die Eltern schuld, die nicht richtig für ihre Kinder sorgten? War die Regierung schuld, die kein Geld für echte Hilfe und Unterstützung ausgab? Wer war dafür verantwortlich, diesen Menschen zu helfen?

Zu Beginn des neunten Kapitels des Johannesevangeliums wird eine ganz ähnliche Frage gestellt: »Wer hat gesündigt, er selbst oder seine Eltern, dass er blind geboren wurde?«, fragen die Jünger Jesu, als sie an einem Mann vorbeigehen, der auf der Straße bettelt. Ihre Frage legt nahe, dass eine Behinderung in direkter Beziehung zu einer Sünde steht. Unsere eben gestellte Frage setzt dagegen voraus, dass wir in einer helfenden Beziehung zu einem behinderten Menschen stehen müssen. Auf mancherlei Weise leben wir in einer sehr engen Welt aus Schwarz und Weiß, Reich und Arm, Richtig und Falsch, Begabung und Behinderung.

Ideen entstehen, wenn wir nach Freiheit streben. In einer geschlossenen Realität können wir nicht leben. Wir müssen neue Wege finden, anderen Menschen zu begegnen, um uns von den restriktiven Identitäten und Schranken zu befreien, die uns voneinander trennen.

Jesus antwortet: »Weder er noch seine Eltern haben gesündigt, sondern das Wirken Gottes soll an ihm offenbar werden.« (Johannes 9,2 f.) Eine erstaunliche Antwort, die die Welt auf den Kopf stellt. Die Blindheit des Mannes ist nicht nur unabhängig von Sünde und Schuld, sie ist ein Geschenk! Ein Werkzeug, um Gottes Tun an ihm zu zeigen.

Jetzt muss ich etwas Seltsames sagen. Ich fühlte mich von diesen geistig behinderten Menschen, die den ganzen Tag nichts zu tun hatten und die herumschrien, auf wundersame Weise angezogen. Ich habe Gefängnisse und Slums, psychiatrische Kliniken und Flüchtlingslager, Leprakolonien und zahlreiche Einrichtungen für Menschen mit Behinderungen besucht. Es sind schreckliche Orte, und ein Teil von mir möchte sich abwenden und davonlaufen. Aber gleichzeitig ziehen mich diese Orte magisch an. Ein Paradox. Das Bild Jesu am Kreuz ist auch ein Paradox. Leben im Tod, Gelassenheit im Leiden, Würde in der Demütigung, Macht in der Hilflosigkeit. Auch das ist faszinierend. Warum? Es ist, als läge im Herzen der Angst eine geheimnisvolle Präsenz. Das Paradox enthüllt eine Wahrheit, die kaum ausgesprochen werden kann. Unsichtbar und doch vorhanden.

Ideen entstehen, wenn eine Welt auf den Kopf gestellt wird. Wir hören Weisheiten von einem Menschen, der als Narr galt. Wir erleben Großzügigkeit von einem Menschen, der nichts zu besitzen schien, und Elend bei Menschen, die scheinbar alles hatten. Und plötzlich verstehen wir, dass Behinderung ein Geschenk sein kann. Ideen helfen uns, den Widerspruch in der Realität zu erkennen.

Versuchen wir einen Moment, uns vorzustellen, wie es sich anfühlen würde, der blinde Mann zu sein, der am Ufer sitzt. Schließen Sie die Augen. Setzen Sie sich auf den Boden, dann spüren Sie den Sand. Fast wie Wasser, nur dass er unter den Fingernägeln klebt und sich dort , wo wir sitzen, hart anfühlt. Der Wind bringt einen stechenden, aber frischen Geruch mit. Sie atmen ein, als wollten Sie diesen Wind trinken. Er ist kalt. Sie lecken über Ihre Lippen und stellen fest, dass sie salzig sind. Noch ein Atemzug. Ihnen wird bewusst, dass Ihr Atem vom Rhythmus um Sie herum beeinflusst wird. Erst ein langer Atemzug, wie wenn man mit den Füßen über einen Kiesweg schlurft. Sie atmen ein. Dann ein schreckliches Krachen, wie wenn Ihnen ein Teller aus den Händen gleitet, immer wieder. Immer wieder wappnen Sie sich für die Angst vor etwas, was Sie nicht verstehen.

Öffnen Sie die Augen.

Die Helligkeit ist überwältigend, voller Weite. Wer hätte gedacht, dass die Welt so groß ist! Plötzlich kommt alles zusammen, der Sand, der sich einem Atemzug gleich bis zum Wasser erstreckt. Doch wenn das Wasser sich auftürmt, ist der Sand vergessen. Hoch türmt es sich auf, kobaltblau, türkis und perlmuttfarben. Der Wind reißt Tropfen von der Oberfläche, und plötzlich wissen Sie, woher der salzige Geschmack kommt. Und dann bricht die Welle mit unvorstellbarer Anmut und Kraft. Schäumend läuft sie auf dem Sand aus. Lachend springen Sie auf, wenn das Wasser Ihre Zehen berührt. Sie breiten die Arme aus, nehmen alles in sich auf, atmen ein und atmen aus und verlieren sich in der Weite. Wie klein Sie sind. Und wie frei!

[Jesus spie] auf den Boden, machte einen Teig aus dem Speichel, strich ihm den Teig auf die Augen und sagte zu ihm: Geh, wasche

17

dich im Teich Schiloach!, das heißt übersetzt: Gesandter. Da ging
er fort, wusch sich und kam sehend zurück.

(Johannes 9,6–7)

Das Wort »Idee« kommt aus dem Griechischen – *idein* heißt
sehen und umschreibt einen Moment wortloser Klarheit. Wir
können uns in dieser auf den Kopf gestellten Welt bewegen.
Irgendetwas scheint klar zu werden.

Als der Blinde zurückkommt, sind die Leute erschrocken und
erstaunt. Sie können es nicht glauben!

Die Nachbarn und die Leute, die ihn früher als Bettler gesehen
hatten, sagten: Ist das nicht der Mann, der dasaß und bettelte?
Die einen sagten: Ja, er ist es. Andere sagten: Nein, er sieht ihm
nur ähnlich. Er selbst aber sagte: Ich bin es. Da fragten sie ihn:
Wie sind denn deine Augen geöffnet worden? Er antwortete: Der
Mann, der Jesus heißt, hat einen Teig gemacht, meine Augen
damit bestrichen und zu mir gesagt: Geh zum Schiloach und
wasche dich! Ich bin also hingegangen, habe mich gewaschen,
und konnte sehen. Da fragten sie ihn. Wo ist er denn? Er sagte: Ich
weiß es nicht.

(Johannes 9,8–12)

Ideen entstehen, wenn wir suchen und Fragen stellen. Wir dürfen
unseren paradoxen Erfahrungen nicht aus dem Weg gehen, wir
müssen sie akzeptieren und versuchen, sie im Lichte eines wahr-
haftigen Verständnisses der Welt neu zu betrachten. Wie? Wer?
Wo? Warum?

Als ich jung war, habe ich viel gesucht. Ich werde später noch
beschreiben, wie ich das Militär verließ, obwohl ich eine angese-
hene Stellung als Marineoffizier auf dem einzigen kanadischen
Flugzeugträger innehatte. Denn in mir wuchs etwas, eine tiefe
Neigung hin zum Gebet, zur Messe, zum Leben mit den Armen,
zur Vision einer Gemeinschaft, die ich in jungen Jahren in einem

Film gesehen hatte. Ich konnte es gar nicht artikulieren, aber ich wusste, es war echt. Und ich reichte meine Kündigung ein.

Als der Blinde in der Heilungsgeschichte zum Tempel kommt, wollen alle wissen, was passiert ist. Sie wollen, dass man ihnen dieses Wunder in einer Weise erklärt, die sie verstehen können. Die Menschen bringen ihn zu den Pharisäern. Pharisäer sind die Gesetzestreuen, die alle Strukturen in und auswendig kennen, in denen alle Aspekte des Lebens verständlich werden. Und so bewegt sich die Diskussion innerhalb des rechtlichen Rahmens dieser Zeit. Einige sagen: »Dieser Menschen ist nicht von Gott (gesandt), weil er den Sabbat nicht hält. Andere aber sagten: Wie kann ein sündiger Mensch solche Zeichen wirken? So war Zwiespalt unter ihnen.« (Johannes 9,13.16)

Ideen entstehen aus der Notwendigkeit, Trennendes zu überwinden, etwas Neues zu leben. Einige behaupten, Menschen mit Behinderungen sind zu nichts nutze. Dabei sagt uns die Erfahrung, dass sie einzigartig und wichtig sind. Wie können wir die Trennung zwischen der Erfahrung und dem angeblich Normalen überwinden? Auch religiöser Glaube kann trennend wirken. Aber wir können diese Trennungen überwinden, indem wir unsere menschlichen Erfahrungen von Leben, Leiden und Tod teilen.

Nach meinem Rückzug aus der Marine traf ich jemanden, der mich auf meiner Suche leitete, einen weisen Menschen, dessen Leben und Philosophie mich ansprach. Auf seinen Ratschlag hin promovierte ich im Fach Philosophie über das Thema Glück im Werk von Aristoteles. Ich bekam eine Dozentenstelle an der Universität Toronto. Aber obwohl ich jetzt in einem angesehenen akademischen Umfeld lebte, fühlte ich mich immer noch zu Menschen wie Tony Walsh und Dorothy Day hingezogen.

In den Dreißigerjahren gründete Dorothy Day, eine New Yorker Journalistin, eine Zeitung zur Förderung der katholischen Soziallehre: Pazifismus, soziale Gerechtigkeit und Gemeinschaftsleben waren ihre Themen. 1933 gründete sie dann gemeinsam mit ihrem Freund Peter Maurin eine kleine, autonome Gemeinschaft, die von der Würde jedes Menschen überzeugt war und für Gast-freundschaft und soziale Gerechtigkeit eintrat. Days Vision rückte sie nicht nur an den Rand der Mainstream-Gesellschaft, sondern brachte sie auch in Konflikt mit der katholischen Kirche. 1951 wies man sie an, wegen ihrer Kritik am mangelnden Mitge-fühl der Kirche für die streikenden Friedhofsarbeiter das Wort »catholic« aus dem Namen ihrer Zeitung zu streichen. Doch sie ließ sich durch die Kirchenhierarchie nicht einschüchtern, und der *Catholic Worker* erschien unverändert. Heute gibt es überall in den USA *Catholic Worker*-Gemeinschaften.

Tony Walsh gründete ein ähnliches Haus im kanadischen Montreal. Das *Benedict Labre House* hat ebenfalls den Auftrag, den Armen und der sozialen Gerechtigkeit zu dienen. Wie der *Catholic Worker* wurde auch diese Gemeinschaft von den Katho-liken vor Ort zunächst mit Misstrauen beäugt. Das Projekt wurde von der Erzdiözese nicht anerkannt und hatte den Ruf, beinahe eine Art kommunistisches Experiment zu sein. Walsh entschied sich für ein Leben in Armut, um wirklich bei den Menschen zu sein, denen er diente. Ich kannte ihn persönlich und fand ihn sehr inspirierend. Day, Walsh und viele andere, die ähnliche Arbeit leisten, sind mutige Leute. Sie haben es gewagt, ihr vertrautes Milieu und alle Chancen auf konventionellen Erfolg zu verlassen, im Vertrauen auf etwas, was sie für wahr und gerecht hielten.

Jeder von uns hat die Möglichkeit, kleine Schritte der Gerech-tigkeit und des Friedens zu gehen. Aber man braucht Mut dazu, es ist ein Risiko. Der blind geborene Mann ist da weniger schüch-tern.

Da fragten sie den Blinden noch einmal: Was hältst du von ihm? Hat er dir doch die Augen geöffnet? Er antwortete: Er ist ein Prophet. Die Juden aber wollten ihm nicht glauben, dass er blind gewesen und sehend geworden ist, bis sie die Eltern des Sehend-gewordenen herbeiriefen und sie fragten: Ist das euer Sohn, von dem ihr sagt, dass er blind geboren wurde? Wie kommt es, dass er

jetzt sehen kann? Da antworteten seine Eltern: Wir wissen, dass dies unser Sohn ist und dass er blind geboren wurde. Wie es aber kommt, dass er jetzt sieht, wissen wir nicht. Und wer ihm die Augen geöffnet hat, wissen wir auch nicht. Fragt ihn selbst, er ist alt genug. Er kann selbst über sich Auskunft geben. Das sagten seine Eltern, weil sie die Juden fürchteten. Denn die Juden waren bereits übereingekommen, dass jeder, der ihn als Messias anerkennen würde, aus der Synagoge ausgestoßen werden sollte. Deshalb sagten seine Eltern: Er ist alt genug, fragt ihn selbst.
(Johannes 9,17–23)

Manchmal können wir uns wie diese Eltern davor fürchten, zu sehen, dass Menschen, die arm sind, von der Gesellschaft verstoßen oder behindert – dass all diese Menschen uns etwas Grundlegendes über das Menschsein lehren können. Wir sind von Mauern der Angst umgeben. Wir haben Angst vor Verschiedenheit und Fremdheit. Und noch grundlegender, wir haben Angst, festzustellen, dass wir gar nicht so anders sind.

Da riefen sie den Mann, der blind gewesen war, zum zweiten Mal und sagten zu ihm: Gib Gott die Ehre! Wir wissen, dass dieser Mensch ein Sünder ist. Da antwortete er: Ob er ein Sünder ist, weiß ich nicht. Das eine weiß ich, dass ich blind war und jetzt sehen kann.
(Johannes 9,24 f.)

Was braucht man, um kompromisslos die Wahrheit zu bezeugen? Was braucht man, um sagen zu können: »Ich war blind, und jetzt kann ich sehen.«?

Ideen entstehen, wenn wir es wagen, mutig zu leben, wenn wir bereit sind, im Interesse der Wahrheit Risiken einzugehen, wenn wir bereit sind, unsere Erfahrungen in Worte zu kleiden, sie zu bezeugen und anderen zu helfen, dasselbe zu tun. Alles Neue birgt ein Risiko. Und doch können wir das Paradox unserer

Erfahrungen in einen Kontext stellen, wenn wir etwas Neues erkennen. Auf dem Weg der Wahrheit liegt das Neue. Er ist der Weg des Friedens.

Als ein Freund von mir Kaplan einer Einrichtung mit etwa dreißig Männern in einem kleinen französischen Dorf wurde, wusste ich, dass ich mit ihm dorthin gehen würde. Verrückt! Ob meine Eltern sich Sorgen machten? Vermutlich. Ob die Universität ein wenig überrascht war? Das denke ich wohl. Aber für mich war die Sache klar. Ich lud Raphael und Philippe, zwei Männer aus der Einrichtung, ein, mit mir in einem verfallenen kleinen Haus in diesem Dorf zu leben. Und das war der Beginn der Arche.

Da fragten sie ihn: Was hat er mit dir gemacht? Wie hat er deine Augen geöffnet? Er antwortete ihnen: Ich habe es euch schon gesagt, aber ihr habt nicht zugehört. Warum wollt ihr es noch einmal hören? Wollt etwa auch ihr seine Jünger werden? Da beschimpften sie ihn und sagten: Du bist ein Jünger von ihm; wir aber sind Jünger des Mose. Wir wissen, dass Gott zu Mose gesprochen hat. Woher aber dieser kommt, wissen wir nicht. Der Mann antwortete ihnen: Darin liegt ja das Erstaunliche, dass ihr nicht wisst, woher er kommt; und doch hat er mir die Augen geöffnet.

(Johannes 9,26–30)

Manchmal ist es schwer zu erklären, was die Arche ist. Formell gesprochen sind wir eine Gemeinschaft von Menschen mit und ohne geistige Behinderungen, die ihre gelebten Beziehungen als für beide Seiten bereichernd erfahren und die ihrerseits ein Friedenszeichen in der Welt setzen. Wir entdecken, dass wir uns verändern, auch wenn wir gekommen sind, um den Kernmitgliedern zu helfen oder sie zu unterstützen. Wir werden geduldiger, freundlicher, eher bereit, anzunehmen und zu vergeben, freudiger. Kurz gesagt: Wir lernen zu lieben. Es ist wichtig, das zu erkennen. Aber damit nicht genug! Wir müssen es auch in Worte fassen, wie es der Blinde wagte.

Der Mann antwortete ihnen: Darin liegt ja das Erstaunliche, dass ihr nicht wisst, woher er kommt; und doch hat er mir die Augen geöffnet. Wir wissen, dass Gott keine Sünder erhört. Aber wer gottesfürchtig ist und seinen Willen erfüllt, den erhört er. Von Ewigkeit her hat man nicht gehört, dass jemand einem Blindgeborenen die Augen geöffnet hat. Wenn dieser Mensch nicht von Gott käme, könnte er nichts tun. Sie antworteten ihm: Du bist ganz und gar in Sünden geboren und du willst uns belehren? Und sie stießen ihn hinaus.

Jesus hörte, dass sie ihn hinausgestoßen hatten, und sagte, als er ihm begegnete: Glaubst du an den Menschensohn? Er antwortete: Und wer ist es, Herr? (Sag es mir,) damit ich an ihn glaube! Jesus sagte zu ihm: Du hast ihn gesehen. Der gerade mit dir redet, der ist es. Da sagte er: Ich glaube, Herr! Und er fiel vor ihm nieder.

(Johannes 9, 30–38)

Ideen entstehen aus der Demut. Wenn wir uns der Realität öffnen, wenn wir aufhören, etwas vorzuspiegeln, wenn wir unseren Wunsch nach Kontrolle und Erklärungen aufgeben, dann können wir unsere Erfahrung aufnehmen – und die Wahrheit, die dort zu finden ist. Das Wort des Lebens – darum geht es (vgl. 1. Johannesbrief 1,1).

Was haben wir entdeckt? Ideen haben mit Freiheit zu tun. Mit Ringen, mit einer Welt, die auf den Kopf gestellt wird, mit dem Sehen, dem Suchen, der Überwindung von Trennendem, mit Mut und Demut. Sie kommen aus unseren Erfahrungen.

Und vielleicht am wichtigsten: Sie kommen aus der Wirklichkeit, aus unserer klaren Wahrnehmung der Welt um uns herum. Wir leben in einer Spannung zwischen Herz und Kopf, zwischen Kopf und Erfahrung und zwischen Herz und Erfahrung. Wir sehen das eine und fühlen etwas anderes. Wir erwarten das eine und erfahren etwas vollkommen anderes. Wir rationalisieren, und doch fühlt es sich falsch an.

Ideen entstehen aus der Harmonisierung von Herz, Kopf und Erfahrung. Ideen entstehen aus der Entdeckung der Einheit, sodass wir in der Wirklichkeit leben können. Und das führt uns zur nächsten Frage: Was ist Wirklichkeit?

Kapitel 2: Was ist Wirklichkeit?

Schauen wir uns erst einmal die Welt um uns herum an. Johannes rechtfertigt die Authentizität seines Zeugnisses vom Wort, das Fleisch geworden ist, indem er davon spricht, dass wir es gehört, mit eigenen Augen gesehen, beobachtet und berührt haben (vgl. 1. Johannesbrief, 1,1). Das ist Wirklichkeit. Wir hören sie, sehen sie, beobachten und berühren sie, riechen und spüren sie.

Ich will mit dem beginnen, was ich selbst gesehen habe. Ich musste zu einer Tagung nach Chile, wo wir über die unglaublichen Gaben von Menschen mit Behinderungen sprechen wollten. Als ich am Flughafen ankam, wurde ich von Denis in Empfang genommen, einem wunderbaren Mann. Er fuhr mich in die Hauptstadt Santiago. Auf dem Weg wurde er irgendwann langsamer und sagte: »Schauen Sie mal, hier links liegen die Slums unserer Stadt, und auf der rechten Seite die Häuser der Reichen, die von Militär und Polizei geschützt werden.« Und er fügte hinzu: »Niemand überquert jemals diese Straße.«

Da müssen wir anfangen, bei dieser schrecklichen Kluft zwischen Reich und Arm.

Jesus spricht im sechzehnten Kapitel des Lukasevangeliums über einen Mann namens Lazarus, der auf dem Boden saß, bedeckt von Geschwüren (vgl. Lukas 17,19–31). Vermutlich litt dieser Lazarus an der Lepra. Auf der anderen Straßenseite lebte ein Mann, der in seinem Haus üppige Feste feierte. Was von seinem Tisch herunterfiel, fraßen die Hunde. Konnte dieser

Mann, der so viel Essen hatte, dass er es auf den Boden fallen ließ, den armen Lazarus einfach nicht sehen?

Wenn wir uns die Welt um uns herum anschauen, sehen wir, dass mehr als eine Milliarde Menschen in Slums leben. Haben Sie schon mal einen Slum gesehen? Beim ersten Mal kann das sehr überraschend sein, denn man kann kaum glauben, dass in diesen verfallenen Unterkünften Familien leben. Die Häuser sind in der Regel einstöckig, weil die Baumaterialien sehr einfach sind. Auch deshalb erstrecken sich Slumgebiete über große Gebiete und bilden ein Labyrinth menschlicher Aktivitäten.

Einmal fuhr man mich an einem großen Slum in Brasilien vorbei. »Die Regierung hat versucht, die Leute umzusiedeln«, sagte man mir. »Aber sie wollen da nicht weg. Warum sollten sie ihre Gemeinschaft aufgeben und getrennt voneinander in kleinen Wohnungen leben? Doch die Regierung möchte sie vom Stadtrand wegbekommen, weil der Slum dort so sichtbar ist. In Wohnungen sieht man die Leute nicht mehr.«

Die Kluft zwischen Reich und Arm wird also oft durch Schranken verstärkt, die uns auf bequeme Weise in Unwissenheit lassen. Wir errichten Mauern, damit wir die andere Straßenseite nicht sehen können, damit wir Lazarus, der die Hand nach uns ausstreckt, gar nicht bemerken. So schützen wir uns vor der Wirklichkeit unserer Trennung und der Verantwortung, die wir gegenüber Menschen in Not fühlen sollten.

Die Fülle unserer Wirklichkeit ist manchmal schwer zu ertragen. Manchmal schützen wir uns durch Zwänge, betäuben unsere Fähigkeit zu sehen, zu hören, zu beobachten, zu berühren, zu riechen und sogar zu fühlen. Manche Leute arbeiten ununterbrochen und leben deshalb nie ganz in der Wirklichkeit. Manche Leute verbringen gedankenlos viel Zeit im Internet, andere vor dem Fernseher oder mit Spielen. Einige stehen unter einem Kaufzwang, bleiben immer für sich und nehmen nie an irgendwelchen sozialen Ereignissen teil. Wieder andere ertragen es nicht, ein soziales Ereignis auszulassen, und planen immer schon das nächste.

Ein Bekannter von mir hatte die Angewohnheit, nach dem Essen sofort aufzustehen und sich die Nase zu putzen. Ein oder zwei Mal erlebten wir das, als er wirklich einen Schnupfen hatte, und deshalb dachten wir uns nichts dabei. Aber dann stellten wir fest, dass er es nach jeder Mahlzeit machte. Auf diese Weise überspielte er die Tatsache, dass er schneller als alle anderen gegessen hatte und jetzt warten musste. Der Gedanke an die Box mit den Papiertaschentüchern beschäftigte seinen Geist.

Zwangshandlungen fangen oft als natürliches Verhalten an, aber irgendwann übernehmen sie die Regie und kontrollieren uns. Zwangshandlungen erschaffen eine Art virtueller Welt, die uns – wenn auch vielleicht ohne unsere Absicht – vor der Fülle der Wirklichkeit schützt. Wir können zwanzig Mal am Tag auf ein Facebook-Profil starren und die aktuellen Nachrichten nicht mitbekommen. Wir schicken jemandem eine Facebook-Freundschaftsanfrage, den wir kaum kennen, meiden aber jeden Blickkontakt mit unserem Gegenüber im Bus. Wir spenden vielleicht Hunderte Dollar an eine karitative Organisation, aber es gelingt uns nie, einen Bettler auf der Straße auch nur anzulächeln. Wir geben jahrelang in einer Suppenküche Essen aus, setzen uns aber nie hin, um mit den Leuten zu essen. Zwangshandlungen füllen eine Leere, ohne die Gründe für die Leere anzugehen. So wie eine Tüte Chips zwar unseren Magen füllt, aber unseren Hunger nicht stillt.

Mauern, die uns den Blick auf die Wirklichkeit verstellen, können auch die Gestalt schützender Erzählungen annehmen – Geschichten, die wir uns selbst erzählen, um die Trennung zu rechtfertigen. »Ich könnte mir mehr Zeit für die Nachrichten nehmen, aber ich kann ja doch nichts machen, was soll das also?« Oder: »Wenn ich Blickkontakt aufnehme, bekommt mein Gegenüber vielleicht Angst.« Oder: »Der Bettler will sich doch für die paar Dollar bloß Bier kaufen.« Oder: »Bin ich nicht ein großartiger Mensch, dass ich in der Suppenküche Essen ausgebe?« Oder: »Ich könnte mir mehr Zeit für eine ehrenamtliche Tätigkeit nehmen, aber ich muss mich auf mein Studium konzentrieren, dann kann ich später wirklich etwas in der Welt verändern.«

Es ist erstaunlich, wie weit wir uns von der Wirklichkeit entfernen können. Der Kommunismus beispielsweise ist für sich genommen eine schöne Vision von Menschen, die zusammen leben und ihren Wohlstand teilen. Aber die Wirklichkeit zeigt uns Machtkonzentration, wachsende Armut und Unterdrückung und die Manipulation eines Ideals, um den Ehrgeiz einiger weniger zu befriedigen.

Andere Geschichten sind noch destruktiver. In Kanada hatte die Regierung die Vision, man solle die Ureinwohner in die »normale« Gesellschaft integrieren. Nicholas Flood Davin, Beauftragter des Ministerpräsidenten Sir John A. MacDonald, schrieb im Jahr 1879 dazu: »Wenn wir mit dem Indianer irgendetwas anfangen wollen, müssen wir ihn sehr jung einfangen. Die Kinder müssen ständig im Umkreis der Zivilisation gehalten werden.«[1] Von den 1880er – Jahren bis ins späte 20. Jahrhundert wurden Schulen für die Kinder der Ureinwohner staatlich gefördert und von der römisch-katholischen, der anglikanischen und presbyterianischen Kirche betrieben, ebenso von den *United Churches*. Ab 1920 mussten diese Kinder diese Internatsschulen besuchen. Dazu wurden sie von ihren Familien getrennt, ihrer Sprache und Kultur entfremdet und in einigen Fällen misshandelt oder missbraucht. Im Widerspruch zu allen Grundsätzen guter Schulbildung erreichen die meisten dieser Schüler bis zum Alter von achtzehn Jahren nur die 5. Klasse. Über 150.000 Kinder der Ureinwohner, Metis und Inuit durchliefen diese Schulen. Im Jahr 2007 verklagten einige »Überlebende« der Internatsschulen, wie sie sich selbst nannten, die Regierung und die Betreiberkirchen. Der Prozess mit dem Ziel der *Indian Residential Schools Settlement Agreement* war der längste in der kanadischen Geschichte. Im Jahr 2008 bat der kanadische Ministerpräsident die Überlebenden offiziell um Entschuldigung.[2] Hohe Entschädigungssummen wurden an Schülerinnen und Schüler gezahlt, die unmittelbar unter den Auswirkungen ihrer Internatszeit litten. Und es wurde eine *Truth and Reconciliation Commission (TRC)* ins Leben gerufen, die die Aufgabe hat, die Wahrheit ans Licht zu bringen und einen Heilungsprozess in Gang zu setzen.

Eine Heilung unserer Wirklichkeit beinhaltet den Ausbruch aus unseren beschützenden und einschränkenden Geschichten. Die TRC hat die Aufgabe, die unglaubliche Ungerechtigkeit ans Licht zu bringen, die hinter der scheinbaren Normalität lag und liegt. Heute gibt es diese Internate nicht mehr. Aber die Behauptung, die Ureinwohner seien minderwertig, und die daraus folgende Abgrenzung existieren bis heute. Wir können nicht in der Wirklichkeit leben, wenn wir uns nicht von Vorurteilen und Rassismus befreien. Nur dann können wir unsere Nachbarn annehmen, wie sie sind, ohne zu versuchen, sie zu ändern oder uns ihnen anzugleichen. Nur dann können wir gemeinsam unsere Verschiedenheit und unsere Menschlichkeit feiern.

Zur Zeit Jesu wurde die Normalität vom Gesetz festgeschrieben, einer sehr mächtigen und einschränkenden Struktur, die die Wahrnehmung der Menschen stark bestimmte. In den Evangelien gerät Jesus immer wieder in Konflikt mit den Autoritäten – den Pharisäern und Sadduzäern –, weil er die Gesetze infrage stellt, die aufgestellt worden sind, um die Glaubenspraxis und das Leben der Menschen zu lenken. Im zweiten Kapitel des Johannesevangeliums geht er in den Tempel und sieht – einen Marktplatz. Bestimmte Opfergesetze hatten zur Entwicklung eines ganzen Wirtschaftszweigs geführt. Es gab sogar ein eigenes Finanzsystem mit Geldwechslern, die andere Währungen gegen das Tempelgeld eintauschten. Man kann sich vorstellen, welche Profitmöglichkeiten sich daraus ergaben, und all das ganz innerhalb einer frommen Erzählung. Jesus geht hinein und wirft die Tische um, er vertreibt die Tiere und verstreut die Münzen auf dem Boden. »Macht aus dem Haus meines Vaters kein Kaufhaus«, sagt er (Johannes 2,16). Seine Worte erschüttern die Strukturen und Normen, sie enthüllen die Wirklichkeit von Ungerechtigkeit und Heuchelei.

Die Frage nach der Wirklichkeit ist von grundlegender Bedeutung. Wir müssen aufpassen, uns nicht in ein zu enges Weltbild einsperren zu lassen. Wir dürfen nicht glauben, Wirklichkeit gäbe es nur auf unserer eigenen Straßenseite, hinter schützenden Mauern, analog zu den Erwartungen unserer Familien und Freunde oder zur Normalität unserer Gesellschaft und Religion. Wir müssen uns trauen, unsere beschränkte Wahrnehmung der Welt aufzubrechen. Das ist natürlich nicht einfach, aber oft genug versuchen wir es nicht einmal.

Fünfzig Jahre lang habe ich mit geistig behinderten Menschen zusammengelebt. Als L'Arche 1964 gegründet wurde, war es noch üblich, behinderte Menschen in Heime zu stecken, möglichst weit weg von der Gesellschaft. Diese Heime entlasteten angeblich die Eltern, indem sie ihnen die Bürde ihrer behinderten Kinder abnahmen. Inzwischen gibt es da große Fortschritte, aber nach wie vor werden Menschen mit Behinderungen an den Rand der Gesellschaft gedrängt. Sie stellen in ihrer Abweichung von der Norm eine verstörende Herausforderung für den Mainstream der Gesellschaft dar. Sie sind so anders als wir. Was sie berühren, sehen, riechen, hören und fühlen, hat vielleicht nur wenig mit der Erfahrung nicht behinderter Menschen zu tun. Oft fürchten wir uns vor ihnen. Wir verstehen ihr Benehmen nicht, ihr Körper sieht seltsam aus, wir verstehen nicht, was sie sagen. »Was hat ihre Wirklichkeit mit meiner zu tun?«, fragen wir vielleicht.

Helfer, die in unsere Gemeinschaft kommen, stellen fest, dass sie am Rand der Straße stehen, die Normalität und eine bestimmte Form von Verrücktheit trennt. Es ist ein bisschen wie an der Straße in Santiago, die Reiche und Arme trennt. Der Blick auf die andere Seite kann sehr verstörend sein. Wenn wir auf unserer Seite stehen, fragen wir uns, was es bringen sollte, hinüberzugehen. Vielleicht sollten wir uns um die Leute da drüben kümmern, denken wir, es sind ja auch Menschen, aber wir haben keine Ahnung, ob sie irgendetwas wert sind. Wessen Schuld ist es, dass sie auf der falschen Straßenseite leben?

Nach einer Weile des Zusammenlebens stellen die Helfer fest, dass es möglich und sogar schön ist, zusammen zu sitzen, zu essen, zu scherzen. Auch die schwierigen Momente sind gut. Ganz allmählich gewöhnen wir uns an die Gegenwart eines Menschen, der ganz anders ist als wir, und lernen, ihm richtig zuzuhören. Und dann kommt es zu der umwerfenden Entdeckung, dass diese Menschen – von denen wir dachten, sie seien zu nichts nütze und ihr Leben sei wertlos – wichtig sind. Sie können uns etwas über Präsenz und gemeinsame Zeit lehren. Darüber, wie man gemeinsam wächst und wie man Verletzlichkeit und Schwäche annimmt, sodass wir wahrhaftig zusammen sein können. Wir entdecken, dass Wirklichkeit mehr ist als die sogenannte Normalität, in der wir aufgewachsen sind. Doch genauso wenig ist sie die Verrücktheit, die uns am Anfang verstört. Die Wirklichkeit sieht so aus: Die beiden Welten sind zwar getrennt, aber nicht notwendigerweise. In diesem Widerspruch liegt Wirklichkeit und Wahrheit zugleich.

Und in der Wirklichkeit geht es um Wahrheit. Es geht um die Gesamtheit dessen, was man sieht, hört, berührt, riecht und spürt, sagt Johannes. Es geht darum, alles um uns wahrzunehmen und uns für andere Blickwinkel und Erfahrungen zu öffnen. Wirklichkeit ist Reich und Arm, Behinderung und Begabung, Slum und Vorstadtsiedlung, Freude und Leid, Trauer und Fest.

Wenn wir die Wirklichkeit kennenlernen wollen, müssen wir bereit sein, die Straße zu überqueren, die Mauern einzureißen, die Schranken wegzuschieben, die zwischen uns und – wie wir sehen werden – in uns existieren.

Kapitel 3: Warum gibt es so viel Leid?

Wenn wir jung sind, nehmen wir das Leid in der Welt vielleicht gar nicht wahr. Wir erleben Enttäuschungen, Schwierigkeiten in der Schule oder zu Hause, auch traurige Dinge. Vielleicht sehen wir Fernsehbilder von der Armut in anderen Teilen der Welt. Wir sind schon manches Mal an Obdachlosen vorbeigegangen. Aber es gelingt uns nicht, diese Begegnungen mit dem Leid in unser eigenes Leben zu integrieren, bis wir etwas Entsprechendes selbst erfahren. Im Laufe der Jahre erleben wir wahrscheinlich genug, um begreifen zu können, was Leid ist. Vielleicht erfahren wir durch den Tod von Großeltern, wie es sich anfühlt, ein Familienmitglied zu verlieren. Vielleicht trennen sich die Eltern eines Freundes, und wir nehmen wahr, wie es ist, in einer zerbrochenen Familie zu leben. Vielleicht haben wir Liebeskummer erlebt. Wenn wir selbst gelitten haben, können wir all das große Leiden um uns herum bewusst wahrnehmen. Und sicher führt uns das zu der Frage: »Warum gibt es so viel Leid?«.

Über einige Gründe haben wir kaum eine Kontrolle. Menschen werden krank, Unfälle passieren, Naturkatastrophen richten verheerende Schäden an. Warum bekommt der eine Krebs und der andere nicht? Warum leben manche Menschen in einer Erdbebenzone oder einer Region, die von Tsunamis bedroht ist? Warum gibt es so etwas wie das Ebola-Virus? Auf diese Fragen gibt es keine Antwort. Wir sind Teil der Natur, ihren Gesetzen und Bewegungen unterworfen. Es ist zwar immer gut, nach Gründen zu fragen, aber manchmal müssen wir akzeptieren, dass wir nicht alles vollkommen verstehen können. Wichtig ist, wie wir mit solchen Ereignissen umgehen. Ein Mensch, der vollkommen ausgeglichen schien, erlebt einen Anfall von Schizophrenie. Furchtbar! Wir fragen uns, wie kann das passieren? Wer ist schuld daran?

In vielen Fällen ist die Frage nach dem Leid in der Welt kaum zu formulieren. Dann wäre es besser, zu fragen: »Wie kann ich so leben, dass das Leid zu einer Quelle des Lebens wird? Wie kann ich diesen Menschen in seiner Zerbrechlichkeit lieben, gerade jetzt, wo er es nötig hat? Wie kann ich diesen Menschen helfen, zu sehen, dass sie geliebt und kostbar sind? Wie kann aus dem Unglück noch Leben entstehen?« Manchmal rückt eine Gemeinschaft nach einem Hurrikan enger zusammen. Krankheit und Tod sind oft von unglaublichem Schmerz begleitet, können aber auch erstaunliche Übergänge darstellen: Heilige Zeiten, in denen wir an das Wunder des Lebens und die Bedeutung der Gegenwärtigkeit erinnert werden.

Manche Arten von Leiden können wir jedoch kontrollieren. Wenn wir zum Wachstum bereit sind, können wir viel tun, um das Leid in uns selbst und der Welt zu lindern. Kehren wir noch einmal zu dem Problem der Schranken zurück. Warum gibt es so viel Leid? Es hat mit den Trennungen in unserer Wirklichkeit zu tun, mit den Mauern, hinter denen wir uns verstecken, mit den Schranken, die uns voneinander abgrenzen. Wenn es Schranken gibt, können wir die Menschen auf der anderen Straßenseite nicht sehen. Lazarus war hungrig, und der reiche Mann hatte Nahrung im Überfluss. Aber wenn Menschen sich voneinander abkapseln, entsteht Leid.

Tatsächlich gibt es viele solche Trennungen. Zwischen Reichen und Armen, zwischen »Normalen« und »Unnormalen«, Jung und Alt, Erfolgreichen und Gescheiterten. Auch zwischen unseren Gesellschaften und der Erde, von der wir abhängig sind, tut sich eine wachsende Kluft auf. Unsere engste Beziehung mit der Erde ist natürlich die Verbindung mit unserer Nahrung. Und doch denken wir in unserer modernen Welt beim Thema Essen eher an den Supermarkt als an Sonne und Regen, Ernten und Jahreszeiten. Der Fleischkonsum steigt, aber das Steak in der Kühltheke erinnert uns nur selten an das vierbeinige Tier mit den großen Augen und der komischen Zunge.

Trennungen und Mauern bedeuten auch, dass wir Schmerz und Leid verursachen können, ohne es jemals zu merken. Nur wenige von uns haben je die Fabriken gesehen, in denen unsere Kleidung hergestellt wird. Was wissen wir schon von den Frauen in Bangladesch, die an langen Arbeitstagen unter entsetzlichen Bedingungen und bei minimalen Sicherheitsstandards schuften, nur damit wir ein billiges Oberhemd kaufen können? Die wenigsten von uns verstehen das empfindliche Gleichgewicht zwischen unserem angenehmen Klima und der Häufigkeit von gefährlichen Stürmen, Strömungen und extremen Temperaturen. Wir sehen nicht, dass der Meeresspiegel steigt. Wie können wir uns bewusst machen, welchen Einfluss es auf die Umwelt hat, wenn wir Auto fahren, eine Flugreise machen oder unsere Heizung aufdrehen? Selbst in den Schulen gibt es Trennungen. In Deutschland werden die Schüler je nach Leistungsniveau schon früh auf unterschiedliche Schultypen aufgeteilt, zumeist nach der vierten Klasse. Ich erinnere mich, wie eine junge Mutter aus Deutschland eine Kanadierin fragte (hier werden die Kinder nicht aufgeteilt): »Aber wir können eure Kinder lernen, wenn all diese *anderen* Kinder mit im Klassenzimmer sind?«

Viele haben nie einen Menschen mit geistiger Behinderung kennengelernt. Wie können sie also die Ängste dieser Männer und Frauen verstehen, wenn sie in Einrichtungen gesteckt und an den Rand gedrängt werden? Wie können sie das Gefühl von tiefer Einsamkeit und Verlassenheit verstehen? Das Leiden, das eine Gesellschaft verursacht, deren Werte von Wissen, Leistung und finanziellem Erfolg nur wenig mit der Erfahrungswelt von behinderten Menschen zu tun haben?

Diese schreckliche Trennung kann uns bis zu der Annahme

führen, Behinderung als solche sei schon so leidvoll, dass es besser wäre, ein behindertes Kind zu töten, bevor es geboren wird.

Ich möchte Ihnen noch eine Geschichte erzählen. Anthony, ein Mann, mit dem ich in der Arche-Gemeinschaft zusammenlebte, stürzte oft. Einfach so stolperte er und fiel mehrmals am Tag hin. Die Helfer sagten mir: »Das ist normal. Er fällt ständig hin, er muss erst noch lernen, auf seinen Füßen zu stehen. Es hat keinen Sinn, wenn man ihm hilft, wieder aufzustehen.« Es war nicht schön, ihn da liegen zu sehen. Ich musste mich sehr stark abgrenzen, um seinen Hilfeschrei zu ignorieren.

Vielleicht schaute auch der reiche Mann in der Bibel Lazarus an und sagte: »Armer Kerl. Warum reißt er sich nicht zusammen und sucht sich einen Job? Warum hört er nicht auf zu trinken und macht etwas aus seinem Leben? Warum ist er so faul?« Er grenzte sich ab, um nicht mit Lazarus sprechen zu müssen, um ihn nicht an seinen gut gefüllten Tisch einzuladen. Ich denke, der reiche Mann versuchte den Anblick des Armen zu vermeiden, um das Leid auszublenden.

Niemand erfreut sich an Armut oder Schwäche. Ich litt darunter, Anthony immer wieder fallen zu sehen. Einige dachten, Anthony könne aus eigener Kraft aufstehen, aber für mich war sein Fallen ein Hilfeschrei: »Kann mir irgendjemand helfen?« Also streckte ich eines Tages die Hand aus und half ihm auf. Danach hörte das Fallen auf.

Trennungen führen dazu, dass wir anderen Leid zufügen, ohne die Folgen spüren zu müssen. Und wenn wir die Folgen spüren, können sie so schwer wahrnehmbar sein, so irreal, dass wir sie nicht akzeptieren können. Wenn wir Leid sehen, versuchen wir uns zu schützen, indem wir die Trennung noch verstärken. Ein Teufelskreis entsteht. Je mehr sich der reiche Mann weigert zu sehen, dass er durch seine Gier an Lazarus' Armut Anteil hat, desto hungriger wird Lazarus. Und je hungriger Lazarus wird, desto verstörter und abwehrender reagiert der reiche Mann. Und so weiter und so fort. Es wäre ein Risiko, über die Straße zu gehen und Lazarus einzuladen. Es wäre auch mit Schmerz verbunden, denn der reiche Mann müsste dann den Folgen seiner Gier ins Auge sehen. Aber nur so endet der Kreislauf des Leidens.

Das führt uns zur nächsten Frage: Sind Schmerz und Leid dasselbe? Schmerz scheint etwas Akuteres zu sein. Wenn wir in einen Nagel treten, entsteht Schmerz, und unter diesem Schmerz leiden wir vielleicht. Wir verlieren ein Familienmitglied und leiden unter dem Verlust. Wir schaffen eine Prüfung nicht und leiden unter der Demütigung. Leiden bedeutet, dass wir Härten erleben. Und es gibt viele Quellen des Leidens, die wir nicht verstehen.

Leidet eine Frau unter der Geburt eines Kindes? Eine Geburt ist schmerzhaft, aber können wir sagen, dass ihr Leiden durch das Wunder des Lebens gelindert wird? Ich weiß es nicht.

Vielleicht können wir sagen, dass unser Leiden mehr oder weniger von unserer Fähigkeit abhängig ist, es in einen Kontext zu stellen. Wenn wir einen Verlust verstehen oder rationalisieren, wird unser Wohlbefinden davon weniger stark beeinträchtigt. Schmerz, Verlust, Demütigung – all diese Faktoren sind Teil unserer Wirklichkeit, der menschlichen Erfahrung. Aber die Art, wie wir Schmerz *erleiden*, hängt auch von unserer Fähigkeit ab, das ganze Bild zu sehen: beispielsweise von unserer Fähigkeit zu akzeptieren, dass jetzt zwar Schmerz vorherrscht, aber dass bald ein neuer Mensch zur Welt kommt.

Die Unterscheidung zwischen Schmerz und Leid könnte auch so aussehen: Schmerz ist wie die müden Knochen und die versengende Hitze, die wir auf einem langen Marsch durch die Wüste erleben. Aber das Leiden ist viel größer, wenn wir uns verirrt haben.

Diese Einordnung in den Kontext bedeutet auch, dass wir uns verorten. Dass wir den Kreislauf des Lebens und die Gesetze der Natur wahrnehmen. Ich glaube, wir versuchen das schon. Wenn wir mit Katastrophen, Schmerz, Schwierigkeiten und Herausforderungen konfrontiert sind, erzählen wir Geschichten, um einen Sinn darin zu finden. Manchmal lernen wir daraus, harmonischer mit den Menschen und der Welt um uns herum zu leben. Wir entwickeln Strukturen – Traditionen, kulturelle Normen, Protokolle und Gesetze –, um uns zu verorten. Es gelingt uns, Leiden zu verringern, weil wir wissen, wie wir einige seiner Quellen vermeiden. Und wir können es lindern, weil wir wissen, wie sich Schmerz anfühlt.

Dabei sollten wir aber nie vergessen, dass Strukturen *Vereinfachungen* der Wirklichkeit sind. Sie dienen unserer Orientierung, aber sie sind klar definiert: als Grenzen. Und wo es Grenzen gibt, können wir uns innerhalb oder außerhalb dieser Grenzen befinden, was wiederum eine Trennung bedeutet. Die Wirklichkeit kann niemals auf das reduziert werden, was wir verstehen. Wir müssen uns vor Klischees und Vereinfachungen hüten, vor Erklärungen und Verbalisierungen dessen, was jenseits aller Worte liegt. All das sind Krücken: hilfreich, um ein paar Schritte zu gehen, aber immer auch potenziell beschränkend und trennend. Indem wir die Wirklichkeit intellektualisieren, reduzieren wir sie.

Eine andere Geschichte: Die Kinder eines Freundes spielten zusammen im Wohnzimmer der Familie. Irgendwann hatte der ältere, etwa sechs Jahre alt, genug, legte sich auf die Couch und las in einem Comic. Der jüngere war davon wenig begeistert, schlich sich an seinen Bruder an und kitzelte ihn an den Fußsohlen. Sie können sich vorstellen, was folgte: gereizte Reaktionen, die sich immer mehr aufschaukelten, als der kleine Bruder damit nicht aufhörte. »Geh weg!«, schrie der große Bruder – vergeblich. Schließlich setzte er sich auf den Teppich und zog mit dem Finger eine Linie in den Teppichflor. »Siehst du das?«, sagte er. »Das hier ist deine Seite und das meine. Wenn du über diese Linie kommst, werde ich wirklich sauer.«

Eine Grenze. Eine gute Idee, so schien es. Auch Anthony hatte eine solche Grenze: So lange er fällt, kann man ihm nicht helfen. Oder Lazarus: So lange er nicht aufsteht, kann ich ihn nicht in mein Haus einladen.

In dem Wohnzimmer meiner Freunde brachte die Linie den

Konflikt zur Eskalation. Jetzt musste der Kleine nur noch einen Zeh über die Linie schieben, und sein Bruder sprang wütend vom Sofa hoch. Kein friedliches Lesestündchen, er hatte eine Grenze zu verteidigen! Irgendwann ging ich kurz weg, und als ich wiederkam, saßen die beiden aneinandergekuschelt auf dem Sofa und lasen zusammen. Die Linie war weg.

Also: Schranken und Trennungen verursachen Leid. Und das Niederreißen von Schranken und Überwinden von Grenzen lindert das Leid in uns selbst und anderen. Wie können wir das verstehen? Vielleicht einfach so: So sehr der reiche Mann es auch abstreitet, er steht in einer Beziehung zu Lazarus. So weit die Frau in Bangladesch auch von mir entfernt sein mag, die meine Hemden näht, ich stehe in einer Beziehung zu ihr. So leicht ich auch die Studien zum Klimawandel oder die Berichte von Menschen in den gefährdeteren Zonen vergessen kann, wir leben auf derselben Erde. Und so »anders« ein Mensch mit Behinderung auch sein mag, so seltsam er auch denken und kommunizieren mag, so fremd auch sein Körper aussehen mag – wir sind Teil derselben Menschenfamilie.

In den Vereinigten Staaten und an vielen anderen Orten werden Schwarze behandelt, als hätten sie keine Bedeutung. Man hält sie für minderwertig. Selbst nachdem klar war, dass man sie nicht mehr als Sklaven halten durfte, ging der Rassismus auf grausame Weise weiter. Die Politik der Rassentrennung trennte Weiße von Farbigen – im Schulsystem, im Militär, im Familienrecht, im Sport, im öffentlichen Nahverkehr und auf öffentlichen Toiletten, ja selbst in Restaurants und Konzerthallen. Schwarze litten nicht nur unter dem Gefühl, anders zu sein und zurückgewiesen zu werden, sondern auch unter entsetzlicher körperlicher Gewalt. Sie waren zu einem Leben unter gefährlichen, demütigenden Bedingungen gezwungen. Es ist schon erstaunlich, dass ein Land, dessen Verfassungsgrundsätze von »Leben, Freiheit und dem Streben nach Glück« für alle sprechen, eine solche tief greifende Trennung zuließ.

»Ich habe einen Traum«, sagte Martin Luther King jr., »dass eines Tages diese Nation sich erheben wird, und die wahre Bedeutung ihres Bekenntnisses leben wird: ›Wir halten es für selbstverständlich, dass alle Menschen gleich geschaffen sind. … Ich habe einen Traum, dass meine vier kleinen Kinder eines Tages in einem Land leben werden, in dem sie nicht nach ihrer Hautfarbe beurteilt werden, sondern nach ihrem Charakter. Heute habe ich einen Traum!‹« Und dann: »Wenn wir es zulassen, dass der Frieden erklingt, wenn wir ihn aus jedem Dorf und Weiler, aus jedem Staat und jeder Stadt erklingen lassen, dann werden wir umso schneller den Tag herbeiführen, an dem alle Kinder Gottes, Schwarze und Weiße, Juden und Nicht-Juden, Protestanten und Katholiken sich die Hände reichen können und mit den Worten des alten Spirituals singen: ›Endlich frei, endlich frei, großer, allmächtiger Gott, wir sind endlich frei!‹«[3]

Kings Mut und sein unerschütterliches Festhalten an der Gewaltlosigkeit, zusammen mit der Haltung der vielen schwarzen und weißen Mitbürger, die an der Bürgerrechtsbewegung mitwirkten, haben dazu geführt, dass in den USA heute einige Aspekte seines Traums Wirklichkeit geworden sind. Das gibt allen Menschen Hoffnung, die bis heute friedlich für Gerechtigkeit kämpfen.

Natürlich sind nicht nur die USA ein Ort der Trennung und Unterdrückung von Teilen ihrer Bevölkerung. Die meisten Länder haben eine Gruppe, die ausgegrenzt und als Bürger zweiter Klasse behandelt wird. Ich bin sicher, dazu fallen ihnen selbst viele Beispiele ein.

Wir sollten also hinhören und hinschauen. Lasst uns die Trennung in unserer Wirklichkeit erfahren. Und lasst uns dann erkennen, dass wir an diese Trennung nicht gebunden sind. Wir können wachsen! Wir können uns entscheiden, die Straße zu überqueren, die Linie auszulöschen und die Grenzen zu überschreiten, um dem anderen zu begegnen.

Jesus überschreitet ständig Grenzen. Er teilt Brot und Fische mit den Menschen auf der Wiese am See. Er freundet sich mit Zöllnern an. Er isst sogar mit Pharisäern, also mit denen, die ihn so sehr verdächtigen. Erstaunlicherweise sagt er zu dem Mann, der ihn eingeladen hat:

Wenn du ein Mittag- oder Abendessen gibst, so lade nicht deine Freunde oder deine Brüder oder Verwandte oder reiche Nachbarn ein, damit sie nicht auch dich wieder einladen und es dir vergelten. Nein, wenn du ein Gastmahl gibst, dann lade Arme, Krüppel, Lahme und Blinde ein, und du wirst selig sein, weil sie nicht imstande sind, es dir zu vergelten.
(Lukas 14,12–14)

Es ist wichtig, zu sehen, dass Jesus nicht von den Eingeladenen spricht, sondern sagt, der Einladende werde selig sein. Indem wir uns an einen Tisch setzen, indem wir Menschen einladen, die anders sind als wir, diejenigen, die am meisten abgelehnt werden, entdecken wir etwas sehr Schönes. Indem wir unseren Ängsten ins Gesicht sehen, die schützenden Mauern in uns freilegen, die uns den Blick auf unsere Brüder und Schwestern verstellen, verändert sich unser Herz. Nicht nur unsere Menschenfamilie erlebt Heilung, sondern auch unser eigenes Herz.

Kapitel 4: Warum gibt es das Böse in der Welt?

Das ist eine ausgezeichnete Frage. Wir dürfen uns nicht mit einer Welt von Illusionen und Idealen umgeben. Es gibt Böses in der Welt – ich habe es gesehen, und Sie auch. In dieser Welt passieren schreckliche Dinge: Mord, Missbrauch, Vergewaltigung, Völkermord, Folter. Auch Gier ist etwas Böses. Das Abholzen der Regenwälder ist ein Beispiel dafür, es verursacht Überschwemmungen, zerstört den Boden und die Ernten, bringt Menschen Leid und Tod. Gier ist es auch, wenn wir einen Stacheldrahtzaun um eine wichtige Wasserquelle ziehen, um das Wasser in Flaschen abzufüllen und an Verbraucher irgendwo in der Welt zu verkaufen. Wenn wir Böses sehen, wenn wir es berühren, ist es so schrecklich, dass wir am liebsten wegschauen würden.

Im zwölften und dreizehnten Buch der Offenbarung heißt es über den Satan: »Ein großer, feuerroter Drache mit sieben Köpfen und zehn Hörnern und mit sieben Diademen auf seinen Köpfen.« (Offenbarung 12,3) Später wird beschrieben: »Der Drache stand vor der Frau, die gebären sollte, um gleich nach der Geburt ihr Kind zu verschlingen.« (12,4) Das Kind wird gerettet, die Frau beschützt. Daraus entwickelt sich eine riesige Schlacht, und der Drache wird aus dem Himmel vertrieben. »Und der große Drache wurde gestürzt, die alte Schlange, die Teufel heißt und Satan und die ganze Welt verführt; er wurde auf die Erde gestürzt und seine Engel wurden mit ihm gestürzt.« (12,9) Aber damit ist die Geschichte noch nicht zu Ende. Denn der Drache richtet weiterhin Schaden an, und dann gesellt sich auch noch ein bizarrer Leopard zu ihm, ein Ungeheuer, das sich aus dem Meer erhebt.

Was bedeutet das alles? Können wir sagen, das Böse ist durch einen Bruch im Himmel entstanden, zwischen Gott und seinen Engeln? Ich weiß es nicht. Die Menschheit beschäftigt sich schon seit ewigen Zeiten mit dieser Frage, aber wir bekommen keine befriedigenden Antworten. Weisheit braucht Demut. Wir wissen nicht besonders viel. Aber vielleicht kommt es darauf auch gar nicht an. Was ich sagen kann und was Sie sagen können, ist dies: Das Böse existiert.

Schauen wir uns zunächst die Welt um uns an. In unserer Arche-Gemeinschaft in Honduras zeigte mir eine Frau einmal ein Haus, das auf einem Hügel lag. »Dieses Haus gehört einem Drogenhändler«, sagte sie. »Die Bande verführt junge Leute, indem sie ihnen Drogen gibt, bis sie süchtig sind. Der Dealer wird von der Polizei geschützt, die Polizei von der Regierung.« Wenn man sich das Haus auf dem Hügel von unten her ansah, begriff man schnell, was da passierte. Der Tod der Jugend, die Versklavung der Unschuld, die Zerstörung von Menschen, die doch zu Wahrheit und Liebe heranwachsen sollen. Wir sind uns einig, nicht wahr: Das ist böse.

Wir erkennen das Böse, weil es entsetzlich und widerwärtig ist. Denken Sie an das Bild des Drachen, der ein neugeborenes Kind fressen will! Man möchte sich krümmen, die Augen abwenden und weglaufen. Das Böse liegt in der Zerstörung, im Zertrampeln des Lebens, und es ist so widerwärtig, dass wir uns davor schützen wollen. Doch das Schlimme ist: Wenn wir unsere Augen und Ohren verschließen, wenn wir schweigen, dann werden wir zu Komplizen des Bösen.

Wer mit dem Bösen gemeinsame Sache macht, der verweigert sich der Liebe und dem Leben. Wenn wir hinschauen, stellen wir voller Staunen fest, wie häufig das vorkommt und wie wenig wir uns dessen bewusst sind. Wir geraten nur allzu leicht in die Fänge unserer Gewinnsucht, wir wollen die Besten sein, erfolgreich sein.

So sehr, dass wir es in Kauf nehmen, dass wir andere niedertrampeln. Wir konzentrieren uns so sehr auf ein einzelnes Ziel, dass wir den Vorrang von Wahrheit und Liebe aus dem Blick verlieren. In einer Kultur, in der Normalität durch Wettstreit, Misstrauen und Gier definiert sind, gibt es nur Verlierer.

Vielleicht kennen Sie die Geschichte von Adam und Eva. Das erste Kapitel der Bibel beschreibt, wie die beiden erschaffen und in einen wunderbaren Garten gesetzt wurden, mit vielerlei Bäumen, die wunderbare Früchte trugen, und mit reichlich Nahrung. Gott sagte zu den beiden: »Von allen Bäumen des Gartens darfst du essen. Von dem Baum der Erkenntnis des Guten und Bösen aber darfst du nicht essen. Denn am Tag, da du davon isst, musst du sicher sterben.« (Genesis 2,16 f.)

Sie können sich wahrscheinlich vorstellen, was dann passiert: Eva, angestachelt von der Schlange, isst von der Frucht und teilt sie mit Adam. »Nun gingen beiden die Augen auf und sie erkannten, dass sie nackt waren.« (Genesis 3,7). Gott kommt in den Garten und sucht nach den beiden. »Wo seid ihr?« – »Ich höre deinen Schritt im Garten; da fürchtete ich mich, weil ich nackt bin, und verbarg mich«, sagt Adam. Und Gott fragt ihn: »Wer hat dir gesagt, dass du nackt bist?« (vgl. Genesis 3,9–11)

Um der Wirklichkeit des Menschenlebens ins Auge zu sehen, brauchen wir eine besondere Quelle des Lebens: die Gnade. Nur mit ihrer Hilfe können wir in Gottes Reich leben und daran teilhaben. Wenn wir mit unserer Nacktheit – unserer menschlichen Verletzlichkeit – in Gottes Garten leben sollen, dann müssen wir den Mut aufbringen, zu sagen: »Hier bin ich!«, wenn Gott nach uns sucht. Wir müssen unser Herz öffnen, damit Gott eintreten und uns Kraft geben kann.

Was glauben Sie? Ist der Mensch von Grund auf sündhaft? Und was heißt das überhaupt?

Ich glaube, wir sind alle gebrochene Menschen, in uns allen existiert eine Spannung. Sie manifestiert sich, wenn ich jemandem nicht richtig zuhöre, wenn ich mein eigenes Ding machen will und mir keine Zeit nehme, für alles dankbar zu sein, das ich habe. Wenn ich meinem Gewissen nicht richtig zuhöre. Ob das im Menschen von allem Ursprung an angelegt ist oder nicht, der Kampf findet in uns allen statt. Wichtig ist nur, dass wir wachsen, hin zu einer noch größeren Liebe, zu einer größeren Wahrheit und zu dem Mut, die Wahrheit zu bezeugen. Wichtig ist, dass wir die Zerbrochenheit in uns heilen, dass wir die Trennung überwinden und die Schranken und Schutzschichten aufgeben.

Wir können also nicht sagen, woher das Böse kommt und *warum* es Böses in der Welt gibt. Aber wir müssen uns bewusst machen, *dass* es das Böse gibt. Das heißt nicht, dass irgendwo ein Typ mit teuflischem Blick herumschleicht und auf uns lauert. Ich rede von einer bestimmten Art des Seins, von einem Bösen, das so leicht zu einem Teil von uns wird. Die Saat des Hasses, der Gier und des Urteils ist schnell gesät. Und das ohne dass wir uns dessen bewusst sind! Wenn wir vom Bösen so angewidert sind, dass wir uns abwenden müssen und so tun, als hätten wir nichts gesehen, dann lassen wir die Trennung in uns zu. So subtil wirkt das Böse! Um uns zu schützen, indem wir uns abwenden, indem wir das Leben nicht mehr wahrnehmen, werden wir zu Komplizen.

Jesus beschreibt, wie schnell das geht:

Wenn der unreine Geist von dem Menschen ausgefahren ist, schweift er durch wasserlose Gegenden und sucht einen Ruheplatz. Und wenn er keinen findet, sagt er: Ich will in mein Haus zurückkehren, das ich verlassen habe. Und kommt er und findet es ausgefegt und geschmückt, dann geht er hin und nimmt sieben andere Geister mit, die noch schlimmer sind als er, und sie ziehen ein und wohnen darin. Und so wird das Ende jenes Menschen schlimmer sein als sein Anfang.

(Lukas 11,24 ff.)

Das ist eine starke Botschaft. Das ausgefegte und geschmückte Haus kann ein Mensch sein, der glaubt, das Böse habe keine

Macht mehr über ihn. Die Sauberkeit macht diesen Menschen blind für die Existenz des unreinen Geistes und dadurch umso verwundbarer. Vielleicht haben Sie so etwas schon mal erlebt. Manchmal passiert es gerade Menschen, die gute Führungsqualitäten und viel Altruismus in sich haben, dass sie, ohne es zu sehen, Trennungen zementieren, Cliquen gründen und sich vom alltäglichen Unrecht abwenden oder darüber schweigen. Erinnern Sie sich?

Auch Kirchen sind dagegen nicht immun. Denken Sie an all die Ungerechtigkeit gegenüber Menschen mit Behinderungen. Wer tut etwas dagegen? Kirchliche Autoritäten protestieren laut dagegen. Aber ich höre nicht oft, dass sie sagen: »Geht in die Einrichtungen, in die Pflegeheime, an die Ränder der Gesellschaft. Freundet euch mit diesen Menschen an. Nehmt sie mit in eure Gemeinschaften und zeigt ihnen, wie kostbar sie sind!« Aber genau das ist eine Frage der Gerechtigkeit und der Freiheit für unsere Menschheitsfamilie. Und genau da scheint die Kirche allzu oft nicht interessiert. Sie applaudieren der Arche oder anderen kleinen Gruppen, weil sie sich so sehr gegen die Ungerechtigkeit einsetzen. Gute Menschen, sagen sie. Aber es geht nicht darum, ein guter Mensch zu sein, es geht darum, das Richtige zu tun. Das Leben zu fördern, statt mit dem Tod gemeinsame Sache zu machen. Im Lukasevangelium heißt es dazu:

Als er das sagte, erhob eine Frau aus der Menge die Stimme und sagte zu ihm: Selig der Leib, der dich getragen hat, und die Brüste, an denen du dich genährt hast! Er aber erwiderte: Selig sind vielmehr die, die das Wort Gottes hören und befolgen!
(Lukas 11,27 f.)

Die Möglichkeit zum Bösen werden wir nicht los. Selbst wenn unsere Eltern wunderbare Menschen sind, selbst wenn wir die rechtschaffensten Kinder haben – Leben ist Bewegung, Veränderung. Eine ständige Reise, ein Wachsen. Und mit jedem Schritt können wir uns dem Leben öffnen oder an seiner Zerstörung teilnehmen. Wir alle haben die Möglichkeit, das Wort Gottes zu hören und zu befolgen.

Das erste Kapitel des Johannesevangeliums gibt uns Aufschluss darüber, was mit dem Wort Gottes gemeint ist. Dies ist ein besonders schöner Text.

Im Anfang war das Wort, und das Wort war bei Gott, und Gott war das Wort. Es war im Anfang bei Gott. Alles ist durch es geworden, und ohne es ist nichts geworden, was geworden ist. In ihm war das Leben, und das Leben war das Licht der Menschen. Und das Licht scheint in der Finsternis, und die Finsternis hat es nicht ergriffen.

(Johannes 1,1–5)

Die erste Beobachtung ist also: Das Wort Gottes, das wir hören und befolgen können, hat etwas mit der Förderung des Lebens zu tun. »Alles ist durch es geworden … in ihm war das Leben.« Ob wir nun Gott hinter all dem sehen oder nicht, das Böse haben wir schon gesehen, die Zerstörung von Leben. Wir haben gesehen, dass es Entscheidungen gibt, die Leben fördern oder zerstören. Wir können in eine Welt des Wettstreits, des Ehrgeizes und des individuellen Erfolgs hineingezogen werden. Wir können das Wort zurückweisen. Wer das Wort befolgt, entscheidet sich für das Leben. Und die Entscheidung für das Leben bedeutet, die eigenen Kräfte für etwas Größeres einzusetzen. Einen Sport um des Spiels willen zu betreiben, nicht um zu gewinnen. Theater zu spielen, um etwas Wichtiges auszusagen, nicht um endlich einmal auf der Bühne zu stehen. Musik zu machen, um mit ihrer Schönheit das Herz der Menschen zu erfreuen, nicht weil wir auf Applaus hoffen.

Die zweite Beobachtung: Das Licht scheint in der Finsternis, und die Finsternis hat es nicht ergriffen. Das Leben siegt, es lässt sich nicht überwinden. Wie oft habe ich schon die kleinen Grashalme bestaunt, die sich durch den Straßenbelag schieben, oder über die Widerstandskraft von Schmetterlingen, die so zerbrechlich scheinen und doch jedes Jahr von Kanada bis hinunter nach Mexiko fliegen. Über die Treue der Gänse, die im Flug eine V-Formation bilden, um einander zu schützen. Und ich staune über die kleinen Geschichten von Gemeinschaft, Mitgefühl und unerwarteter Liebe, die in Kriegsgebieten und an Orten menschlicher Katastrophen entstehen.

Das Leben siegt, auch dort, wo es unmöglich scheint. Das Böse kann nicht siegen, »die Finsternis hat es nicht ergriffen«.

Was heißt das in alltäglicheren Worten? Es heißt, dass es nicht darum geht, unsere Feinde zu zerstören, Terroristen zu eliminieren oder multinationale Konzerne zu boykottieren. Es geht nicht darum, Rüpel zu bekämpfen und Verbrecher ins Gefängnis zu stecken, Lazarus oder den reichen Mann zu beurteilen. Wir sollen beten, dass das Licht der Güte, das in jedem Menschen existiert, aufleuchten kann.

Manchmal fühle ich mich sehr machtlos, wenn ich Nachrichten sehe oder lese. Hunderte von Menschen verlassen jede Woche ihr Zuhause, um sich radikalen militanten Gruppen anzuschließen. Was können wir in einer solchen Situation tun? Wie können wir jemals Frieden schaffen? Unsere Rolle in einem Konflikt, der unsere Kräfte übersteigt, ist nicht immer klar.

Auf einer Konferenz über das Gute in jedem Menschen stellte jemand die Frage: »Und was ist mit den Dschihadisten, die andere Menschen enthaupten und so weiter?« Die Hauptrednerin, Lytta Basset, sah uns an – eine Gruppe von ernsten Katholiken – und fragte zurück: »Wer von euch betet für die Dschihadisten?« Niemand meldete sich. Doch selbst in einer Situation äußerster Machtlosigkeit können wir etwas tun. Wir können beten.

Beten bedeutet, dass wir uns einen Moment Zeit nehmen, um Orte überwältigender Konflikte und Ungerechtigkeit an unser Herz zu nehmen. Um im Geiste bei den Menschen zu sein, deren Namen und Gesichter wir nicht kennen, die aber trotzdem Teil unserer Menschheitsfamilie sind. Beten bedeutet, dass wir einen Ort in unserem Herzen für die Menschen reservieren, die von Grausamkeit und Gewalt betroffen sind, die Opfer tiefster Ängste und Sorgen werden. Beten bedeutet, dass wir selbst in unserer Unfähigkeit noch etwas tun, dass wir unser Herz bereit machen für das kleine Licht der Güte und des Lebens, das niemals überwunden wird, nicht einmal in Menschen, die Gewalt ausüben. Beten bedeutet, dass wir unser Herz verwandeln. Dass wir Jesus um die Kraft und Weisheit bitten, auf seine Weise zu lieben – offen und furchtlos.

So sieht es aus, wenn wir in unserer Menschlichkeit wachsen. Dann wächst nämlich unsere Fähigkeit zur Vergebung und zur Annahme derer, die uns fern scheinen und die wir nur mit Mühe lieben können. Auf diese Weise kann Trennung überwunden werden. Wenn ein Mensch bereit ist, die Straße zwischen Arm und Reich in Santiago zu überqueren, dann weil er glaubt, dass Wahrheit und Liebe auch auf der anderen Seite existieren. Wenn Adam und Eva mit Gott wieder vereint werden sollen, dann weil sie an etwas in ihrem Inneren glauben, das schön und kostbar ist. Wenn der Teufelskreis von Drogenhandel und Sucht enden soll, dann weil die Augen der Dealer für das Wunder und die Zerbrechlichkeit des Lebens geöffnet werden, für ihre Verantwortung für das Leben. Nur durch schlichte Ehrfurcht und ein liebendes Wachstum hin zur Vergebung kann das Böse überwunden werden.

In einem Auszug aus der Rede Martin Luther Kings vom 28. August 1963 wird beschrieben, warum es so wichtig ist, der Wahrheit und der Liebe treu zu bleiben:

Ich muss den Menschen, die auf der abgenutzten Schwelle, die zum Palast der Gerechtigkeit führt, stehen, noch etwas sagen: Wenn wir unseren rechtmäßigen Platz einnehmen wollen, dürfen wir uns keiner unrechten Taten schuldig machen. Wir dürfen unseren Durst nach Freiheit nicht stillen, indem wir aus dem

Kelch der Bitterkeit und des Hasses trinken. Wir müssen unseren Kampf mit höchster Würde und Disziplin führen. Wir dürfen nicht zulassen, dass unser kreativer Protest in körperliche Gewalt ausartet. Immer wieder müssen wir uns dazu erheben, physischer Gewalt mit seelischer Kraft zu begegnen. Der wunderbare kämpferische Geist, der heute die schwarze Gemeinschaft erfasst hat, darf uns nicht dazu verleiten, allen Weißen zu misstrauen, denn viele unserer weißen Brüder, die das auch mit ihrer Anwesenheit heute bekräftigen, wissen, dass ihr Schicksal mit unserem eng verbunden ist. Sie haben begriffen, dass ihre Freiheit unauflöslich mit unserer Freiheit verbunden ist. Wir können nicht allein gehen.[4]

Kapitel 5: Was ist das Wesen der Wirklichkeit?

Lassen Sie uns einen Moment zurückblicken. Wir haben die schreckliche Trennung in unserer Welt betrachtet. Und wir haben gesehen, dass Trennungen die Ursache großen Leids sind. Daraus folgt: Solange wir in getrennten Welten eingesperrt sind, können wir Trennung und Leid nicht überwinden. Wir müssen danach streben, die Menschen zusammenzubringen. Wir müssen Pflegeheime besuchen, ehrenamtliche Arbeit bei der Tafel und in Krankenhäusern leisten und uns mit fremden Traditionen und Religionen beschäftigen. Wir müssen in die hintersten Bänke des Klassenzimmers schauen, wenn wir vorne sitzen, und umgekehrt. Wir müssen an das Huhn denken, wenn wir Hähnchenschenkel essen, und an das Feld, wenn wir eine Scheibe Brot genießen. Wir müssen überlegen, wo das Geld eingespart wird, wenn wir No-Name-Schokolade essen, die nicht fair gehandelt wurde. Wir dürfen uns nicht mit dem Vertrauten oder Normalen zufriedengeben, sondern müssen danach streben, unser Weltbild zu erweitern. Wir müssen in der Wirklichkeit leben.

Was können wir noch über die Wirklichkeit sagen? Wie sieht die Wirklichkeit aus? Lassen Sie uns nachdenken. Wirklichkeit ist alles, was ist. Sie ist allumfassend, und gerade deshalb ist sie komplex, berührbar und ungreifbar zugleich, physisch und geistlich und immer jenseits unseres Verständnisses. Sie ist geheimnisvoll – wir lernen immer mehr, werden offener und begreifen gleichzeitig, wie klein wir selbst sind. Ein Freund von mir pflegte zu sagen: Mein Wissen ist wie eine Insel in einem Meer von all dem, was ich nicht weiß. Indem ich lerne, indem ich neue Erfahrungen mache, wächst die Insel. Aber natürlich wächst damit auch die Kontaktfläche zum Meer des Unwissens. Kurz gesagt: Je mehr ich weiß, desto mehr weiß ich nicht.

Weisheit ist etwas sehr Demütiges. Ich habe keine Antworten.

Wirklichkeit ist das, was wir gehört, gesehen, beobachtet und berührt haben. Um in der Wirklichkeit zu leben, müssen wir ständig Fragen stellen. Denn wenn es etwas gibt, was wir über die Wirklichkeit sagen können, etwas sehr Wichtiges, dann dies: Sie ist geteilt. Wir können nur dann in der Wirklichkeit leben, wenn wir zuhören, wenn wir uns Mühe geben, die Schranken zwischen uns und den anderen niederzureißen. Wir können nur dann in der Wirklichkeit leben, wenn wir danach streben, die Trennungen zu überwinden, sie uns das Zuhören erschweren. Wir brauchen einander, wenn wir in der Fülle und Komplexität der Wirklichkeit leben wollen.

Etty Hillesum schrieb: »Ich will nicht mit Wörtern kokettieren, die doch nur Missverständnisse hervorrufen.«[5] Wir müssen aufpassen, wenn wir die Wirklichkeit in Worte fassen, denn sie ist zu komplex für unsere Worte. Und doch müssen wir, wie wir im Kapitel über das Leid schon gesehen haben, erklären, Kontexte zusammenbringen, Strukturen erschaffen, innerhalb derer unser Verständnis sich herausbildet. Wir brauchen Strukturen, um dem anderen zu begegnen: einen gemeinsamen Raum. Wenn ich »Raum« sage, meine ich damit aber nicht nur Gebäude. Auch soziale Räume sind Strukturen. Sie umfassen Verhaltensweisen, die unseren Respekt für andere deutlich machen. Wie begrüßen wir die Menschen dort, wenn wir einen Raum betreten? An wen wenden wir uns? Strukturen umfassen auch Zeiträume. Wir brauchen ja ein gemeinsames Zeitkonzept, wenn wir ein Treffen vereinbaren wollen: »Um drei Uhr heute Nachmittag.« Und Strukturen umfassen Sprache. Mit welchen Worten kann ich eine Erfahrung umschreiben, sodass wir sie teilen können? Wir leben auf viele Weisen in Strukturen. Wir sind sogar durch Strukturen definiert.

Ich will Ihnen eine kleine Geschichte über kaum wahrnehmbare Strukturen erzählen.

Brenda ist eine wunderbare Frau, die in meiner Gemeinschaft lebt. Sie spricht nicht viel, und wenn, dann in einfachen Worten oder in Form eines fast unverständlichen Geplappers. Ein paar Sachen sagt sie aber ziemlich oft, und man kann sie gut verstehen. »Uhr ist es?«, ist ihre Lieblingsfrage, die auch leicht zu beantworten ist – wahrscheinlich liebt sie sie deshalb so sehr. Tatsächlich ist ihr Zeitverständnis recht eingeschränkt, sodass sie manchmal fünfzehn Mal in fünf Minuten nach der Uhrzeit fragt, vor allem, wenn sie sich langweilt oder einsam fühlt. Eine andere Frage lautet: »Wann Annik?« Annik ist ihre Schwester. Einmal im Monat verbringt Brenda ein Wochenende bei ihr, und sobald sie wieder bei uns ist, fängt sie an, sich auf das nächste Mal zu freuen. Ihr dritter Lieblingssatz kommt immer als Tischgebet, bevor wir essen: »Danke, Halleluja.« Auch das ist sehr einfach. Die ersten beiden Silben singt sie, und dann stimmt der ganze Tisch mit ein.

Lange Zeit war das alles, was sie sagte: »Uhr ist es?«, »Wann Annik?« und »Danke, Halleluja.« Beim Abendgebet gingen wir immer im Kreis herum, damit jeder etwas sagen konnte. »Brenda? Möchtest du für etwas oder jemanden beten?« Manchmal saß sie dann einen Moment schweigend da, bis ihr jemand half: »Für An…« Dann stimmte sie mit ein: »Annik! Annik!« Als hätte sie nur auf die kleine Hilfestellung gewartet.

Wir wussten, dass Brenda in einer Struktur von verstandenen Sätzen und Wörtern lebte. Das war sehr schön, denn so konnte sie mit den Menschen um sie herum in Kontakt treten. Ihr sehr strukturierter Wortschatz linderte ihr Leiden daran, dass sie keine Gespräche führen konnte. Und er linderte unser Leiden an dem Gefühl, sie nicht zu verstehen.

Eines Abends wurde wieder die Kerze angezündet und wir saßen friedlich da. Die Leute nannten ihre Anliegen und Anlässe zum Dank, erwähnten Namen, künftige Ereignisse und geteilte Erlebnisse. Dann kam Brenda an die Reihe. »Bre, hast du ein Gebet?« Sie schaute die Kerze an und lachte. »Gebet«, lachte sie. Zum ersten Mal sagte sie etwas anderes als Annik, Uhr oder Danke, Halleluja. Dann wieder: »Gebet!« Und wieder das Lachen. So ging es ein paar Minuten weiter. Ich fragte mich schon, ob ich ihr aus dem scheinbaren Kreislauf heraushelfen sollte, in dem ich sie an ihr übliches Gebet erinnerte oder mit einem entschiedenen »Amen« endete.

Aber da sagte sie sehr zufrieden und immer noch mit Blick auf die Kerze: »Danke.« Das war alles. Auf wunderbare Weise wurden wir daran erinnert, dass Brenda nicht nur in der Struktur ihrer Gewohnheitssätze lebt. Sie ist viel komplexer. Ihre Erfahrungen, ihr Sein befinden sich jenseits der Worte. Um Brenda kennenzulernen, muss man sich ständig überraschen lassen und offen sein für das Geheimnis ihres Seins und damit auch unserer gemeinsamen Wirklichkeit.

Um zu wachsen, um unser Weltbild zu erweitern, müssen wir unsere bequemen Scheingewissheiten ständig erschüttern lassen. Wir müssen offen für Menschen sein, deren Erfahrungen und Blickwinkel sich deutlich von unseren unterscheiden. Wir müssen ihnen zuhören, uns Zeit für sie nehmen und die Wahrheit ihres Zeugnisses sehen. Deshalb ist die Vielfalt der Menschheit so wichtig. Wir können nicht behaupten, dass ein Mensch mit anderer Hautfarbe, mit einer Behinderung oder einer kleinen Verrücktheit nicht Teil der Menschheit ist. Jeder von uns hat seinen ganz wichtigen Platz.

Wer sind diese Menschen, die uns aus dem Gleichgewicht werfen, unsere bequemen Scheingewissheiten erschüttern und unsere gemeinsamen Erfahrungen vertiefen? Wer sind die Menschen, die uns helfen, uns ein wenig mehr der Fülle unserer Wirklichkeit zu öffnen?

Großeltern sind solche Schätze. Oft sind sie ganz wunderbar, wirklich. Voller Wunder für ihre Enkel und ihre ganze schöne

Familie. Ich erinnere mich, dass jemand sagte, wenn er gewusst hätte, wie viel Spaß Enkelkinder machen, hätte er sie sich zuerst angeschafft. Eltern machen sich so viele Sorgen um ihre Kinder, sagen ihnen, was sie tun sollen, versuchen, Rat zu geben und zu lenken, damit erfolgreiche Erwachsene aus ihnen werden. Großeltern sind eine andere, ich möchte fast sagen: heilige Wirklichkeit. Sie scheinen alles zu akzeptieren, zu vergeben. Sie sind einfach glücklich, dass es ihre Enkel gibt.

Und doch tut sich eine riesige Kluft zwischen uns und unseren Großeltern auf – größer als die zwischen uns und unseren Eltern. Unsere Großeltern sind schon älter. Sie sind nicht mehr so schnell wie früher, manchmal kommen sie uns schwach und ein bisschen dumm vor. Sie werden schnell müde und vergessen Namen und Daten. Ich weiß, dass ich mit meinen sechsundachtzig Jahren oft Worte vergesse, die mir früher ganz selbstverständlich einfielen. Ich habe etwas wiederentdeckt, was ich auch schon als Baby erlebt haben muss: Es gibt eine Kluft zwischen Idee und Wort. Manchmal habe ich ein ganz klares Bild im Kopf, aber das Wort ist weg. Einmal habe ich bei einem Vortrag die Geschichte über Santiago und die Straße zwischen dem reichen und dem armen Viertel erzählt. Als ich anfing, merkte ich, dass der Name der Stadt, der mir immer ganz klar gewesen war, einfach weg war. Und als ich an die entsprechende Stelle kam, war er immer noch nicht wieder aufgetaucht und ich musste mich anders ausdrücken. Also sagte ich: »Bei einem Besuch in seiner Stadt in Südamerika …« und machte einfach weiter.

Vielleicht kann Ihre Großmutter Ihnen ähnliche Geschichten erzählen – von Gelegenheiten, wo sie ihre Brille verlegt hatte und sie dann auf ihrem Kopf wiederfand, von vergessenen Namen und so weiter. Für Sie klingt das alles wahrscheinlich wie aus einer anderen Welt. Und doch teilen Sie und Ihre Großmutter bei aller Trennung dieselbe Wirklichkeit. Alt und Jung teilen eine Wirklichkeit. Diejenigen, die arbeiten, und diejenigen, die sich ausruhen. Diejenigen, die mit schneller Logik reagieren, und diejenigen, die zu träumen wagen. Ohne all das wäre die Wirklichkeit nicht vollständig.

Kehren wir noch einmal zu Ihrer Großmutter zurück. Vielleicht kann sie nicht mehr viel anderes tun als dasitzen und Ihre Hand halten. Und doch lehrt sie Sie etwas und hilft Ihnen, Dinge zu erleben, die Sie allein nie erleben könnten. Hilft Ihnen, still zu sein. Zuzuhören. Sich Zeit für andere zu nehmen. Bringen ihre Worte, auch wenn sie manchmal unsinnig klingen, Sie dazu, das Leben ein bisschen anders anzusehen? Lächelt sie ein bisschen mehr, wenn Sie in der Nähe sind? Schläft sie friedlicher, wenn Sie ihr einen Abschiedskuss gegeben haben? Ohne dieses Miteinander ist Ihre Wirklichkeit nicht vollständig.

Wenn wir sehen, dass Wirklichkeit immer geteilt wird, begreifen wir auch, wie wichtig Zuhören ist. Wir müssen lernen, denjenigen genauer zuzuhören, die unsere Augen für eine andere Welt öffnen. Was heißt in diesem Zusammenhang zuhören?

Zuhören heißt, dass wir uns noch weiter für die Komplexität der Wirklichkeit öffnen, dass wir Trennungen überwinden, Mauern erkennen und niederreißen. Es heißt nicht, dass wir uns aufgeben – vielmehr lernen wir uns besser kennen, indem wir mit Verschiedenheit konfrontiert sind.

Tatsächlich kann ich mich dem anderen nicht öffnen, wenn ich mich selbst nicht genau kenne. Weil ich dann befürchten muss, mich verloren zu fühlen und desorientiert zu sein. Beim Zuhören geht es um die Offenheit für kleine Veränderungen, die mich der Wahrheit über unser Menschsein näher bringen, der Wahrheit, die sich in der Wirklichkeit enthüllt. Zuhören ist ein Schritt in fremdes Gelände, und wir brauchen Demut dazu, aber auch den Mut zu sagen: »Ich weiß es nicht.«

Beim Zuhören geht es darum, die Bedürftigkeit hinter der Kommunikation zu verstehen. Es geht um Zielstrebigkeit, Aufmerksamkeit und Präsenz. Und doch werde ich, wenn ich zuhöre, nicht versuchen, Sie zu besitzen oder das Gesagte zu übernehmen. Ich strebe nicht danach, zu urteilen oder zu verurteilen. Ich empfange einfach, nehme an, was ich höre, wie Sie sich ausdrücken, wie Sie sind.

Zuhören verlangt tiefen Respekt und die Überzeugung, dass der andere kostbar ist und etwas Wichtiges mitzuteilen hat. Seine Erfahrung der Wirklichkeit entspricht vielleicht nicht meiner, aber sie ist genauso echt.

Wenn wir zuhören, lassen wir unsere Verteidigungsmechanismen fallen. Es gibt kein Vergleichen. Ich versuche nicht zu beweisen, dass ich besser bin. Ich bereite keine Zurückweisung und keine schnelle Antwort vor. Zuhören macht verletzlich. Wenn ich zuhöre, gebe ich meine eigenen Geschichten und Erklärungen auf. Ich gebe Strukturen und Gesetze und alle Reparaturmöglichkeiten auf. Genau darum geht es: um Aufgabe und Vertrauen. Zuhören ist eine elementare Art des Seins, die uns in Offenheit mit dem anderen leben lässt. Zuhören ist eine Art, in der Wirklichkeit zu leben, in einem geteilten Leben.

Natürlich spreche ich dabei über eine Art des Seins, die mehr umfasst als Zuhören. Im Französischen gibt es das Wort »bienveillance«. »Bien« bedeutet »gut« und »veillance« bedeutet »Beobachtung«. Es handelt sich also um eine gute Art des Miteinanders, um die Verkörperung der Überzeugung, dass der oder die andere schön, weise und ganz und gar geliebt ist. Jeder körperliche Kontakt, jeder Blick, jede Bewegung aufeinander zu geschieht in Liebe und Respekt. »Zuhören« ist also eine Wahrnehmung des anderen, die sagt: »Du bist wertvoll und schön.« Eine Art des Seins, die sagt: »Ich bin froh, dass wir zusammen sind.«

Erinnern Sie sich an das Bild von der wachsenden Insel des Wissens in einem Meer des Nichtwissens? Mit einer Insel fängt es an, sie ist der Ausgangspunkt. Wir wissen etwas. Das ist wichtig. Meine Erfahrung ist: Wenn wir in einer komplexeren Wirklichkeit leben, kann uns das schnell aus der Bahn werfen. Deshalb greifen wir nach Strukturen, um die Dinge in einen bekannten Kontext einzuordnen und um uns zu schützen. Aber damit riskieren wir, nicht mehr in der Wirklichkeit zu leben. Wir riskieren es,

Trennlinien zu ziehen und Leid zu verlängern oder einen eigenen Anteil am Leid der anderen zu haben. Wie können wir uns so in der Komplexität orientieren, dass wir so etwas nicht brauchen?

Mein Vorschlag dazu klingt sehr einfach: Im Leben können wir uns immer am Leben orientieren.

Kapitel 6: Wofür leben wir?

Wofür leben wir? Für unsere Eltern? Für unsere Lehrer, unsere Freunde, für eine religiöse Gruppe? Für unseren persönlichen Ehrgeiz? Für unsere eigenen Zwangsvorstellungen?

Oder leben wir für die Wahrheit? Für die Gerechtigkeit? Für Freiheit und Glück, Hoffnung und Freude? Leben wir für die Liebe? All das gehört dazu, wenn wir für das Leben leben. Am Leben können wir uns in all den Widersprüchen, den Paradoxa und der komplexen Fülle der Wirklichkeit orientieren. Entsteht durch unser Dasein mehr Leben oder behindern wir das Leben vielmehr?

Im letzten Kapitel haben wir festgestellt, dass wir in einer geteilten Wirklichkeit lernen müssen, zuzuhören. Das heißt, wir müssen für kleine Veränderungen offen sein, ohne Kontrolle auszuüben. Wir müssen den anderen und das Leben als Ganzes willkommen heißen. Es geht darum, für die Bedürftigkeit hinter der Kommunikation aufmerksam zu werden, für die Person hinter den Worten, die Angst hinter der Gewalt. Beim Zuhören geht es darum, die Präsenz des unbesiegbaren Lebens wahrzunehmen. Um Verletzlichkeit, um ein Fallenlassen der Verteidigungsmechanismen, die uns taub machen oder unsere Wahrnehmung verzerren. Es geht um Demut vor dem Leben um uns herum und über uns. Tatsächlich können wir sagen: Wer sich am Leben orientiert, muss zuhören.

Wir müssen den Menschen um uns herum zuhören, weil wir eine Wirklichkeit mit ihnen teilen, vor allem den Menschen, die ganz anders sind als wir, die unsere Erfahrung infrage stellen und erweitern. Wir müssen auf die Älteren hören, die durch jahrelange Erfahrung weise geworden sind. Wir müssen auf das Wort Gottes hören und uns von ihm hinterfragen und bestärken lassen. Wir müssen auf unsere Kirche hören, ihre Traditionen und Regeln, die sich in zweitausend Jahren entwickelt haben. Die politischen, kulturellen, sozialen und ökologischen Sorgen, die unseren historischen Kontext ausmachen. Vor allem aber müssen wir auf die kleine Stimme in uns selbst hören, die uns an der Wahrheit, Liebe und Gerechtigkeit ausrichtet, an innerer Freiheit und all den Dingen, die zum Leben gehören. Diese kleine Stimme nennen wir auch »Gewissen«.

Unser Gewissen zieht uns an, es sitzt tief ins uns und leitet uns zum Wachstum an, so wie die Blume sich nach der Sonne ausrichtet. Wir spüren etwas, was wir kaum erklären können. Aber es fühlt sich an wie Nachhausekommen.

Meine vielleicht wichtigste Erfahrung mit dem Gewissen machte ich 1942, als ich dreizehn Jahre alt war. Ich hatte den tiefen Wunsch, mich der *Royal British Navy* anzuschließen. Es herrschte Krieg. Mein Vater hatte am Ersten Weltkrieg teilgenommen. Meine ältere Schwester war als Teil des *Canadian Women's Army Corps* in England stationiert. Das hat mich sicher beeinflusst. Mein Bruder behauptet, ein bestimmter Film hätte sich ebenfalls ausgewirkt, aber daran erinnere ich mich nicht. Ich weiß nur, ich hatte den tiefen Wunsch, über den Atlantik nach England zu gehen, aufs *Royal Naval College*.

Also besprach ich die Sache mit meinem Vater. Sie können sich vorstellen, welche Sorgen er sich machte, weil sein junger Sohn eine solche gefährliche Reise machen wollte. Meine Eltern hatten den diplomatischen Posten meines Vaters verlassen müssen, als die Deutschen in Frankreich einmarschiert waren. Deshalb waren wir 1940 nach Kanada zurückgekehrt. Und jetzt saß ich, nur zwei Jahre später, da und war absolut überzeugt, ich müsste zurück. Mein Vater versuchte, mir andere Lösungen vorzuschlagen. Vielleicht konnte ich noch ein paar Jahre warten und dann im Westen Kanadas auf die Marineschule gehen. Dafür musste man etwas älter sein, als ich es jetzt war. Aber das war es nicht.

Er hätte es mir auch verbieten können. Er hätte sagen können, ich sei ein Narr und wüsste nicht, was mir guttäte. Aber all das tat er nicht. Sondern er sagte etwas, was mir für den Rest meines Lebens die Freiheit schenkte. Er sagte: »Ich vertraue dir. Wenn du das wirklich tun willst, dann musst du es tun.« Er akzeptierte meinen Wunsch nach Freiheit – frei, meinem Gewissen zu folgen, frei, ich selbst zu werden.

Freiheit ist aber eng verbunden mit Verantwortung. Jetzt musste ich mich also auf die Aufnahmeprüfung vorbereiten und sie auch bestehen. Ich musste meinen Bruder verlassen, dem ich sehr nahestand, und mich allein auf den Weg in eine Zukunft begeben, von der ich kaum etwas wusste. Mit dem Vertrauen der Menschen um uns herum können wir nicht leichtfertig umgehen. Das Hören auf unser Gewissen ist wichtig, aber wir müssen auch den Menschen um uns herum zuhören, und dem historischen Kontext, indem wir unsere Antwort auf unser Gewissen leben. In meinem Fall war klar, dass ich mich auf dem richtigen Weg befand. Ich schaffte die Prüfung, reiste nach London und nahm meinen Platz unter all den anderen jungen Kadetten ein. Schließlich wurde ich Offizier in der *Canadian Navy*. Ich ging also einen auf vielerlei Weise erfolgreichen Weg.

Aber nach acht Jahren spürte ich sehr genau, dass ich das Militär verlassen musste. Heute kann ich sagen, dass da wieder mein Gewissen sprach. In mir war ein Impuls entstanden, auf den ich reagieren musste, etwas viel Grundlegenderes als die Wünsche meiner Eltern, die Erwartungen der Marine oder die Anerkennung, die ich von anderen für meinen Dienst bekam. Es war ein wachsendes Bedürfnis, Gott zu dienen, zu beten, Bücher zu studieren und Zeit in Kontemplation zu verbringen. Ich besuchte das »Friendship House«, eine christliche Einrichtung für Obdachlose, in New York und feierte Thanksgiving mit den Armen dort. Es war eine wunderbare Erfahrung voller Glück und mit dem Gefühl, zu Hause zu sein, und eine Bestätigung, dass ich mich anstatt von der Marine nun vom religiösen Umfeld immer stärker angezogen fühlte. Nach einiger Zeit, in der ich diese Dinge unter Begleitung sehr genau betrachtete, gab ich meine Militärkarriere auf.

Unser Gewissen klingt ganz tief in uns und hilft uns, in Harmonie zu leben. Wir sollen wachsen, hin zu mehr Liebe, Wahrheit und innerer Freiheit. Unser Gewissen ruft uns in die Fülle unseres Menschseins hinein, es ruft uns dazu auf, zu Gott hin zu wachsen. Das erste Kapitel des Konzilstextes *Gaudium et Spes* (Freude und Hoffnung) beschreibt die Würde des Menschen etwa folgendermaßen:

Denn der Mensch hat ein Gesetz, das von Gott seinem Herzen eingeschrieben ist, dem zu gehorchen eben seine Würde ist und gemäß dem er gerichtet werden wird. Das Gewissen ist die verborgenste Mitte und das Heiligtum im Menschen, wo er allein ist mit Gott, dessen Stimme in diesem seinem Innersten zu hören ist. Im Gewissen erkennt man in wunderbarer Weise jenes Gesetz, das in der Liebe zu Gott und dem Nächsten seine Erfüllung hat.[3]

Jeder von uns wird unverwechselbar geboren. Von vornherein ist festgelegt, wie lang unsere Nase sein wird, welche Farbe unsere Haare und Augen bekommen, wie groß unsere Füße werden und so weiter. Unsere Gene helfen uns beim Wachsen. Aber wir besitzen auch so etwas wie »spirituelle Gene«, die uns helfen, in unserer Menschlichkeit zu wachsen. Aber das Gewissen, diese kleine Stimme, die uns zum Leben und zur Wahrheit ruft, kann nur allzu leicht übertönt oder verzerrt werden.

Im Leben sind wir Druck von allen Seiten ausgesetzt: Erwartungen unserer Gesellschaft, unserer Kultur, unserer Gemeinschaft und Freunde. Manchmal verwechseln wir die Stimme des Gewissens mit den Stimmen und Wünschen unserer Eltern.

Solange wir sehr jung sind, vertrauen wir unseren Eltern und neigen dazu, auf sie zu hören. Schließlich wollen sie, dass wir wachsen, und mit ihrer größeren Lebenserfahrung können sie uns sehr helfen. Aber dann kommen wir in das Alter, wo wir feststellen, dass auch Eltern Fehler machen. Vielleicht erkennen wir, dass die Wünsche, die unsere Eltern für uns haben, nicht unseren eigenen Wünschen entsprechen. Dann erwacht in uns ein Geist der Rebellion, und wir weisen vielleicht alles zurück, was unsere Eltern uns vorschlagen.

Vielleicht erkennen Sie die Ironie darin. Solange wir einfach nur rebellieren, haben unsere Eltern immer noch die Kontrolle über uns. Solange wir etwas zurückweisen, bestimmt es uns. Verstehen Sie das? Irgendwie müssen wir uns befreien, um im Einklang mit unserem Gewissen zu leben. Manchmal bedeutet das, wir müssen genau das tun, was unsere Eltern glücklich macht. Manchmal aber auch nicht. Manchmal müssen wir etwas »Cooles« tun, manchmal aber auch nicht.

Die Geburt des Gewissens vollzieht sich in dem Moment, wenn ich erkenne, dass ich eine eigene Person bin. Ich bin nicht meine Mutter, nicht mein Vater, nicht meine besten Freunde, nicht mein Lehrer. Ich bin einzigartig und mit einem eigenen Impuls zum Wachsen ausgestattet, einer eigenen Fähigkeit, herauszufinden, was richtig und was falsch ist, gut und böse. Was zum Wachstum führt und was nicht. In meiner Geschichte wurde das in dem Moment deutlich, als ich zu meinem Vater ging und ihm sagte, ich wolle nach England. Es ist ein großer Moment, wenn wir etwas tun, von dem wir wissen, dass es richtig ist, auch wenn andere es ablehnen. Aber das ist so schwierig! Unsere Eltern sagen uns, wir sollen keine Drogen nehmen. Wird unser Gewissen geboren, wenn wir gegen diesen Rat verstoßen? Wir müssen genauer hinsehen. Warum nimmt jemand Drogen? Weil es richtig ist? Oder weil es »alle anderen« auch machen? Oder vielleicht, um sich zu verstecken und vor der Wirklichkeit davonzulaufen? In diesem Fall ist es keine Entscheidung in Richtung Freiheit. Es geht nicht um unser »Ich bin« – ich bin frei, ich bin eine Quelle des Lebens, ein Brunnen des Friedens.

Ich finde es interessant, dass man von der heutigen jüngeren Generation manchmal als der »Generation Me« spricht. Worin liegt der Unterschied zwischen »mir« und »mich« auf der einen und »Ich bin« auf der anderen Seite? Zunächst mal sind »mir« und »mich« ganz passiv. Ein Freund schickt *mir* ein Päckchen, die Musik umgibt *mich*, jemand läuft *mir* weg. »Ich bin« spricht von Tun, Eigenbesitz und Verantwortung. Ich bin derjenige, der entscheidet, glücklich ist, wächst, wütend ist, dem etwas leidtut. Der bei einem anderen ist.

In der Bibel gibt es ein ganz besonderes »Ich bin«. Im dritten Kapitel des Buchs Exodus erscheint Gott dem Mose in einem brennenden Dornbusch. Er fordert ihn auf, die Israeliten von der Unterdrückung in Ägypten zu befreien.

Da sprach Mose zu Gott: Wenn ich zu den Israeliten komme und ihnen sage: Der Gott euerer Väter hat mich zu euch gesandt, und sie mich dann fragen: Wie lautet sein Name?, was soll ich ihnen antworten? Da sprach Gott zu Mose: Ich bin der Ich-bin! Und er fuhr fort: So sollst du zu den Israeliten sprechen: Der Ich-bin hat mich zu euch gesandt.

(Exodus 3,13 f.)

Wenn in uns ein Gefühl für das »Ich bin« geboren wird, ist das auch der Moment, in dem wir die Präsenz Gottes in uns wahrnehmen.

Wir müssen lernen, zu einer Erkenntnis von Dietrich Bonhoeffer zurückzukehren: Gott kennt uns. Wir sind sein, wir sind Gottes geliebte Kinder. Wir müssen lernen, auf die Gegenwart Gottes in uns zu hören, auf unser Gewissen. Das kann auf vielerlei Weise geschehen. Etty Hillesum sagte, wir brauchen jeden Tag eine halbe Stunde Gymnastik und eine halbe Stunde Stille. Wir brauchen Raum und Stille, wir brauchen Zeit, in uns selbst präsent zu sein, in unseren Wünschen und unserem Körper. Wir müssen lernen, Zeit in dem inneren Heiligtum zu verbringen, in dem Gottes Stimme ertönt und uns zur Vollendung unserer Menschlichkeit führt. Oft ist es gut, uns dabei von einem klugen Menschen begleiten zu lassen, von jemandem, der uns kennt und uns geistliche Disziplin lehren kann. Wichtig ist aber vor allem, dass unser Gewissen uns nie aus der Wirklichkeit hinausführt, sondern uns innerhalb dieser Wirklichkeit Orientierung gibt. Das Gewissen ist das tiefste Geheimnis unserer Lebenskraft.

Kapitel 7: Warum fällt es uns so schwer, gut zu sein?

Für viele ist Gutsein gleichbedeutend mit Gehorsam gegenüber Eltern, Lehrern, religiösen Strukturen und so weiter. Tatsächlich entfaltet sich Gutsein in kleinen Schritten und indem wir die Menschen um uns herum mutig und leidenschaftlich lieben. Gutsein ist ein kleiner Brunnen des Lebens. Wir müssen die Frage also anders stellen. Das Böse arbeitet subtil, und es ist leicht, zu seinem Komplizen bei der Zerstörung des Lebens zu werden. Wir sollten uns also nicht fragen: »Warum fällt es uns so schwer, gut zu sein?«, sondern vielmehr: »Was hindert mich daran, mich dem Leben zu öffnen?«

Erinnern Sie sich – eine Orientierung am Leben braucht die Fähigkeit zum Zuhören. Wir müssen den Menschen zuhören, mit denen wir unsere Wirklichkeit teilen, die andere oder längere Erfahrungen haben als wir, die klug sind und uns etwas lehren können. Wir müssen auf die Welt um uns herum hören, weil wir in einem einzigartigen Moment leben. Und wir müssen auf die kleine, leise Stimme in uns hören, die uns zu Wahrheit und Liebe hinzieht und unser menschliches Wachstum lenkt. Wenn wir auf diesen drei Ebenen zuhören, können wir so leben, dass wir uns für die Bewegung des Lebens öffnen. Statt zu fragen: »Was hindert mich daran, mich dem Leben zu öffnen?« sollten wir uns fragen: »Was hindert mich am Zuhören?«

Kommen wir noch einmal auf das Thema Schranken zurück. In unserem Inneren gibt es drei Aspekte der Trennung, die uns am Zuhören hindern. Erinnern Sie sich an die Geschichte von dem Drogenhändler? Ich sah sein Haus auf dem Hügel in Honduras, und man berichtete mir, er würde junge Leute zur Sucht verführen und stünde unter dem Schutz von Polizei und Regierung. Welche Schranken machen es den Menschen so schwer, den Schrei der jungen Menschen zu hören, deren Leben manipuliert und zerstört wird? Schauen wir uns die Situation genauer an. Etwas Böses geschieht, junge Menschen werden zu Sklaven einer Sucht. Diese Wirklichkeit wird durch eine komplizierte Struktur von Verantwortlichkeiten aufgespalten, die die Handelnden – Mitglieder der Drogenbande, Polizei, Regierung, vielleicht auch die Leute vor Ort – von dem Schrecklichen abgrenzt. Vielleicht gibt es gar nicht so viel offene Gewalt, keine Straßenkriminalität. Vielleicht ist die Gewalt viel subtiler und lässt sich so umso leichter ignorieren.

Indem die Wirklichkeit aufgespalten wird, entsteht eine bequeme Atmosphäre der Apathie, in der die Korruption gedeiht. Alle profitieren davon, und so wird das Gefühl betäubt, dass hier etwas schrecklich falsch läuft. Unser Gewissen schreit auf gegen die Korruption, aber die Apathie erstickt diesen Schrei. Wenn unser Gewissen erstickt wird, stirbt auch das Leben in uns. Wir empfinden ein Gefühl der Machtlosigkeit, wissen nicht mehr, wer wir sind, wohin wir uns wenden sollen und wie wir weiter wachsen sollen. Unsere Identität wird erstickt. Ein schreckliches Gefühl der Angst entsteht.

Angst lässt sich nicht leicht definieren, aber wir alle haben sie schon am eigenen Leib gespürt. Das Gefühl, am Rand eines Abgrunds zu stehen und hinunterzublicken. Waren Sie schon mal am Grand Canyon oder an einem ähnlich ausgesetzten Ort? Es kann sich anfühlen wie Tod und Machtlosigkeit, es erinnert uns daran, dass wir nicht wissen, wohin uns unser Wachstum führt.

Was ist der Unterschied zwischen dieser Angst und Furcht? Furcht bezieht sich auf etwas außerhalb von uns selbst: ein laut bellender Hund, ein Auto, das sich mit kreischenden Bremsen dem Fußgängerüberweg nähert, das Gefühl, jemand lauert in einer dunklen Ecke oder hinter einer geschlossenen Tür auf uns. Furcht ist eine Schranke, ein Schutzwall, ein Verteidigungsmechanismus, der hochgefahren wird, wenn wir uns verletzlich fühlen. Wir fürchten vielleicht das Urteil von anderen, wenn wir ein Risiko eingehen oder etwas Neues ausprobieren. Wir fürchten auch die Demütigung.

Und damit sind wir dem Unterschied zwischen Angst und Furcht schon sehr nahe. Demütigung hat immer etwas mit Angst zu tun, denn sie umfasst ein Gefühl des Selbstverlusts. Wir leiden sehr darunter. Manchmal denke ich, Demütigung macht uns mehr Angst als alles andere. Sind Sie schon mal gedemütigt worden? Wenn die Angst in uns aufsteigt, versuchen wir uns ähnlich zu schützen wie gegen einen Hund – wir entwickeln Verteidigungsmechanismen. Wir fürchten uns vor der Angst.

Und doch ist sie in uns allen. Auch dazu gibt es eine kleine Geschichte. Ein Vater sprach mit mir, nicht lange nach der Geburt seines zweiten Kindes. Er beschrieb mir, wie seine Tochter ihn angeschrien hatte, als ihr kleiner Bruder ein paar Tage zu Hause war. »Ich hasse dich, ich hasse dich, ich hasse dich!«, schrie sie. »Und in ihren Augen sah ich, dass sie es absolut ernst meinte«, berichtete er mir. Angst ist das tief empfundene Leiden, wenn man den eigenen Platz verliert, wenn man von seinen Nächsten betrogen wird und nicht mehr weiß, wer man ist, wenn man auf die eine oder andere Weise die eigene Identität verliert. Angst ist existenzielles Leiden: Ich weiß nicht, wer ich bin.

Das ist die große Frage. Wer sind wir? Wir wissen, dass tief auf dem Grund unserer Identität das Gewissen liegt, das uns zu einem Wachstum in Gerechtigkeit und Frieden, Wahrheit und Liebe lenkt. Wenn wir hin zu Wahrheit und Liebe wachsen sollen, müssen Wahrheit und Liebe Teil unserer Identität sein. In uns liegt ein Schatz von Wahrheit und Liebe, der Schatz unserer Menschlichkeit. Unser Geliebtsein, wenn wir so wollen.

Was ist damit gemeint, Geliebtsein? Ich meine damit Folgendes: Als Menschen sind wir begabt zur Liebe. Jeder von uns besitzt ein Herz, um andere zu lieben und wiedergeliebt zu werden. Einige Menschen sind so sehr verletzt worden, dass man es kaum noch wahrnimmt, aber glauben Sie wirklich, es gibt Menschen ohne die Fähigkeit zur Liebe? Jeder von uns hat im Mutterleib gelebt und das kostbare Wunder des Lebens erfahren. Und jeder von uns sehnt sich nach einem anderen Menschen, um ihn im Arm zu halten und gehalten zu werden. Menschsein heißt, lieben und geliebt werden. Wir sind im Tiefsten Geliebte.

Dieses Geliebtsein, unsere tiefste Identität, wird erst in Beziehungen zu anderen Menschen zur Wirklichkeit. Das scheint selbstverständlich, aber es ist wichtig, dass wir uns das klarmachen. Wir können nicht geliebt werden und wir können nicht lieben, wenn wir allein sind. Deshalb ist unser Geliebtsein etwas sehr Zerbrechliches. Wir sind abhängig von anderen, um zu begreifen, wer wir sind. Angst ist ein Höchstmaß an Alleinsein. Wenn unsere Liebe zu einem anderen Menschen zurückgewiesen wird, wenn wir selbst zurückgewiesen werden, dann leiden wir furchtbar.

Es ist interessant, in diesem Zusammenhang noch einmal auf Mutter und Kind zu schauen. Sie müssen das nicht selbst erlebt haben, aber einige von uns wurden ganz am Anfang ihres Lebens zutiefst verletzt und tragen eine große Angst in sich. Heilung ist nur durch eine neue Beziehung möglich, die uns unser Geliebtsein offenbar macht. Für viele Menschen beginnt das mit der Beziehung zwischen Kind und Mutter. Nach dem großartigen und doch traumatischen Schock der Geburt hält erst die Mutter und dann der Vater uns warm und sicher im Arm. Durch ihre körperliche Präsenz und die Reaktion des eigenen Körpers wussten Sie, dass Sie geliebt werden. Die Beziehung zwischen Eltern und Kind ist etwas Wunderbares. Sie ist zärtlich, voller Berührung und Spiel. Sie wird körperlich spürbar, durch den Blick, der uns sagt, wie schön wir sind, durch die Umarmung, die uns sagt, wie kostbar wir sind. Durch das Zuhören, das uns sagt: »Du hast etwas Wichtiges zu sagen.«

Der Körper spielt dabei eine entscheidende Rolle. Wir reden oft viel zu kopfgesteuert über Themen wie das Gewissen, Gott und sogar die Liebe. Aber das große Geheimnis Jesu ist doch gerade, dass das Wort Fleisch wurde und unter uns gewohnt hat (Johannes 1,14). Gottes Liebe wird im Fleisch offenbar, in unserem Körper. Und das beginnt in unserer frühesten Kindheit. Trotzdem macht uns das auch Angst, denn der Körper eines Kindes entwickelt sich stetig weiter. Das Kind weiß nicht, wohin es wächst, und daraus entsteht Angst: Werde ich immer geliebt sein? Diese Angst zerstört nicht die Freude am Zusammensein, aber es bleibt eine Unsicherheit, wegen der biologischen Entwicklung, wegen des Impulses, das wachsen zu lassen, was in uns ist. Was wird aus mir?

Denken wir noch einmal an die ältere Schwester mit dem neugeborenen Bruder. Stellen Sie sich die Unsicherheit dieses Mädchens vor. Bevor der Bruder kam, gehörte ihr die gesamte Liebe ihrer Eltern. Jetzt muss sie sie teilen. Ist sie nicht gut genug? Hat sie etwas falsch gemacht? Schuldgefühle und Angst stehen in einem sehr engen Zusammenhang. Vielleicht brauchte sie jetzt einen Beweis, dass sie immer noch liebenswert ist, dass ihre Eltern sie immer noch bei sich haben wollen. Sie hatte ihre Identität des Geliebtseins verloren.

Wenn wir uns als kleine Kinder allmählich aus der Umarmung unserer Mutter lösen, wenn ein zweites Kind geboren wird und unseren Platz einnimmt oder wenn wir begreifen, dass sich das Leben unserer Eltern nicht ausschließlich um uns dreht, dann taucht sehr schnell diese Angst auf. Wenn wir nicht in der Liebe Gottes fest verwurzelt sind, werden wir versuchen, uns Liebe mit dem, was wir tun, zu verdienen. Schnell entsteht dann eine Kultur des Sich-Beweisens, der Gier nach Applaus und Bewunderung, eine Kultur der Furcht vor Zurückweisung und eine Kultur der Normalität. Wir müssen irgendwie das Wissen zurückerobern, dass wir geliebt sind. Wir müssen eine andere Umarmung entdecken, die Umarmung Gottes, der uns bedingungslos in seinen Armen hält und dessen Kapazitäten unerschöpflich sind. Für

Christen hat diese Entdeckung mit der Taufe zu tun. In der Taufe geht es um Wiedergeburt, um die Entdeckung unserer Identität des Geliebtseins. Und das heißt, schon bevor wir zu unserer Familie gehörten, gehören wir zu Gott. Was für eine Gnade. Eine Identität des Geliebtseins vereinigt uns in Liebe mit der gesamten Menschheitsfamilie. Sie bringt uns Gott so nahe, dass unser Herz sich für alles öffnen kann, was Gott liebt.

Kehren wir zu unserer ursprünglichen Frage zurück. Vielleicht ist es gar nicht so schwierig, gut zu sein. Es ist nicht schwierig, sich dem Leben zu öffnen, zu wachsen, solange wir auf unser Gewissen hören. Aber das Gewissen wird von unserer Furcht erstickt, von dem tief sitzenden Schutzmechanismus in uns.

Wann waren Sie nicht gut? Wann konnten Sie nicht zuhören? Vielleicht hat jemand etwas Grausames gesagt, und Sie haben gedankenlos mitgelacht. Vielleicht hat jemand, den Sie überhaupt nicht mögen, Sie um Hilfe gebeten, und Sie haben gesagt, Sie haben zu viel zu tun. Vielleicht haben Sie sogar auf ein hässliches Gerücht gehört und nicht widersprochen. Es gibt so viele kleine Gelegenheiten, bei denen wir – möglicherweise ganz naiv – am Leid anderer Menschen mitschuldig werden. Wenn wir ein bisschen tiefer graben, stellen wir fest, dass fast immer Furcht die Wurzel ist. Wir lachen mit aus Furcht, selbst ausgelacht zu werden. Wir nehmen uns keine Zeit für andere, aus Furcht vor dem Scheitern. Wir bestehen nicht auf der Wahrheit aus Furcht, selbst lächerlich gemacht zu werden.

Mit der Zeit können wir diese Furcht benennen, und dann können wir daran arbeiten, sie abzubauen. Aber manchmal stehen wir dabei vor verschlossenen Türen. Niemand kennt uns durch und durch. Die Menschen, die sagen, dass sie uns lieben, kennen uns ein gutes Stück weit, aber jeder von uns hat seine Geheimnisse. Und daraus entsteht eine tiefe Einsamkeit – und Angst. Die Frage ist: Wann wird diese Tür geöffnet? Wann werden wir frei von unserer Angst? Wann werden wir wissen, dass wir zutiefst geliebt sind?

Im ersten Kapitel des Buchs Jeremia sagt Gott: »Bevor ich dich im Mutterleib bildete, habe ich dich erwählt… Zum Völkerpropheten habe ich dich bestellt.« (Jeremia 1,5) Vielleicht hat die Auflösung unserer Angst mit dem zu tun, der uns erschaffen hat und der uns genauer kennt als irgendwer sonst.

Aber existiert Gott wirklich?

Kapitel 8: Wie können wir wissen, dass Gott existiert?

Wenn Sie mich persönlich fragen, würde ich so antworten: Ich weiß, dass Gott existiert, weil ich in einer Familie aufgewachsen bin, in der es einfach *offensichtlich* war. Der Glaube war Teil meines Lebens. Wir beteten abends, bevor wir ins Bett gingen, wir gingen zur Eucharistie und so weiter. Unser Glaube war Teil unseres Alltags. Gottes Existenz war ganz *offensichtlich*. Natürlich hatten sich in mir, obwohl ich im Glauben erzogen worden war, große Veränderungen vollzogen. Ich war nicht mehr derselbe wie seinerzeit als Kind, meine Beziehung zu Gott hatte sich entwickelt. So ist das Leben.

Heute treffe ich mit Menschen zusammen, die sagen, sie seien Atheisten und würden nicht an Gott glauben. Auch da bin ich mit Trennungen konfrontiert. Für mich ist Gott in allem gegenwärtig, was ich tue. Er ist sogar in allem gegenwärtig, was diese Menschen tun, auch wenn sie es selbst nicht sehen. Sie verfügen einfach nicht über dieselben Erfahrungen wie ich. Es ist, als wären wir ein langes Stück des Weges miteinander gegangen und hinterher würde ich sagen, dass wir durch einen Wald gegangen sind, während Sie behaupten, es sei eine Wiese gewesen. Die Frage lautet also: Wie können wir uns treffen? Wie können wir in unserer geteilten Wirklichkeit leben?

Ich sage zu dem Atheisten: »Eins weiß ich genau, Liebe ist besser als Hass. Das weiß ich. Denn ich habe die Früchte des Hasses gesehen, Menschen, die einander töten, bestehlen, unterdrücken und demütigen. Ich bin in Gefängnissen gewesen und Jugendlichen begegnet, deren Leben durch Menschen zerstört wurde, die ihnen keinen Respekt entgegenbringen. Ich habe Menschen besucht, die dicke Schutzwälle um sich errichtet haben und zu brutalen Gangstern geworden sind. All das habe ich gesehen. Und daraus ergibt sich für mich, dass Liebe besser ist als Hass.«

Bevor wir uns also auf eine Diskussion über die Existenz Gottes einlassen, können wir eine menschliche Gemeinsamkeit entdecken: Es gibt Liebe und Hass. Wie kann es sein, dass manche Menschen, auch gläubige Menschen, in Gedankenkonstrukten gefangen bleiben? Sie glauben vielleicht an Gott, aber die Liebe scheinen sie nicht zu kennen. Wie kann es sein, dass sie in einer Welt der Gedankenkonstrukte leben, die es ihnen unmöglich macht, Leuten zuzuhören, die anders sind als sie?

Vielleicht müssen wir etwas genauer hinschauen: Was ist Hass? Hass kann verschiedene Formen annehmen. Es gibt sichtbaren und unsichtbaren Hass. Sichtbarer Hass ist einfach zu erkennen: Mobbing, Gewalt, Misshandlungen und so weiter. Jeden Tag sehen wir Hass, wenn wir die schrecklichen Nachrichten sehen. Manchmal begegnen wir auch Hass in unseren Gemeinden, am Arbeitsplatz oder in den Schulen – wenn wir rassistische oder sexistische Kommentare hören oder wenn jemand aus unserer Gruppe ausgegrenzt wird.

Unsichtbarer Hass ist subtiler, vielleicht aber noch viel schlimmer. Da fällt jemand jede Menge Bäume und weigert sich, die Folgen der Zerstörung zu sehen. Da fördert jemand eine Anti-Einwanderungs-Politik, die die Einwohner des Landes gegen die neuen Bürger aufbringt. Gier und Egoismus können ebenfalls Formen des Hasses sein. Der reiche Mann auf der Straßenseite gegenüber von Lazarus verkörpert eine Art von Hass. Nicht den sichtbaren Hass, er geht nicht hinüber zu Lazarus und versetzt ihm einen Tritt. Aber irgendwo in ihm lebt der Hass, denn er hat das große Geheimnis nicht angenommen, das gar kein Geheimnis ist: Wir sind alle Teil der Menschheitsfamilie.

Ob wir reich oder arm sind, Russen oder Ukrainer, jung oder alt, Hutu oder Tutsi, wir sind Teil derselben Menschheitsfamilie. Und doch tragen wir in uns die Fähigkeit, uns zu weigern, mit anderen zu sprechen. Wir können uns weigern, mit ihnen an einem Tisch zu sitzen, können jeden Kontakt zu Menschen abblocken, die uns Schwierigkeiten bereiten. Diese Trennung ist nichts anderes als unsichtbarer Hass, denn wir akzeptieren die Existenz des anderen nicht, wir akzeptieren unsere gemeinsame Wirklichkeit nicht. Hass heißt, irgendwo in unserem Leben gibt es diese Angst, die Straßenseite zu wechseln.

Die Verbindung zwischen Furcht und Hass ist recht offensichtlich, gerade heute, da anti-islamisches Gedankengut angesichts terroristischer Aktivitäten schnell zunimmt. Während ich an diesem Buch schrieb, erschoss in Kanada ein junger Muslim einen Soldaten. Natürlich ist das tragisch und löste große Erschütterung aus. Wie reagiert ein Land auf eine solche Tat? Der Ministerpräsident versicherte, dass sich das Land verpflichtet, gegen den internationalen Terrorismus zu kämpfen. Die Sicherheitsmaßnahmen wurden verschärft, vor allem im Umfeld von Behörden und Militärbasen. »Kanada lässt sich nicht einschüchtern«, betonte er. Aber wie sähe denn tatsächlich die mutigste Reaktion auf einen Terroranschlag aus? Was wäre, wenn Kanada mit einem Aufruf reagiert hätte, alle Bürger sollten sich den Menschen am Rand der Gesellschaft zuwenden? Den Einsamen, denen, die sich zurückgewiesen fühlen, die sich fürchten, die ein besonders hohes Risiko haben, zu Extremisten zu werden?

Etty Hillesum schreibt:

Ich sehe keinen anderen Weg, als dass jeder von uns Einkehr hält in sich selbst und all dasjenige in sich ausrottet und vernichtet, was ihn zu der Überzeugung führt, andere vernichten zu müssen. Wir müssen durchdrungen sein von dem Gedanken, dass jeder Funken Hass, den wir zu der Welt hinzufügen, sie noch unwirtlicher macht, als sie ohnehin ist.[7]

Atome des Hasses, das ist gleichbedeutend mit Ängsten. Ängste, die so tief und fest sitzen, dass sie in dem Moment, in dem sie in Hass umschlagen, gar nicht mehr sichtbar sind. Wir sehen nicht, dass der junge Terrorist eigentlich Angst hatte. Im vorigen Kapitel haben wir die Möglichkeiten betrachtet, zu scheitern, wenn wir gut sein wollen. Und wir haben die Ängste erkundet, die uns motivieren, wie subtil auch immer. So können wir auch die Geschichte eines jungen Terroristen betrachten, oder die Geschichten anderer, die in einem Netz des Hasses gefangen sind – einem Netz der Angst.

Ich erzähle in diesem Zusammenhang gern die Geschichte von einem Mann, der Mitglied der Mafia war. Er wuchs unter sehr harten Bedingungen auf, mit Gewalt, Drogen und Machtkämpfen ums Überleben. Als er jung war, sagte niemand zu ihm: »Ich liebe dich und du bist schön.« Er hatte nie gelernt, einem anderen Menschen zu vertrauen. Stattdessen hatte er gelernt, dass die Menschen böse sind und dass er stärker als der andere sein müsse, um zu überleben. Und so entwickelte sich seine Furcht, niedergeschlagen zu werden, seine Furcht, der Schwächere zu sein, zu Hass. Schon als Kind schützte er sich durch Gewalt, Manipulation, Verstecken und Zerstörung. Und als er älter wurde, dachte er, niemand würde ihm jemals helfen. Das stimmte auch auf eine Weise, denn solange er so stark war, kam man kaum an ihn heran. Seine Furcht hatte starke Schutzmechanismen hervorgebracht, die anderen Menschen Angst einjagten. Wer ums Überleben kämpft, ist immer einsam. Wie bringen wir diesen Kreislauf aus Angst und Hass zum Stillstand? Der Schlüssel liegt darin, schwach und verletzlich zu werden. Schauen wir, wie es dem Mafia-Mann später erging.

Viele Jahre später war er im Gefängnis und lebensbedrohlich an Krebs erkrankt. Ein Freund von mir ist Arzt und behandelt Strafgefangene, und er wurde gerufen, um ihm zu helfen. Der Mafioso litt unter einer sehr schmerzhaften Art von Kehlkopfkrebs. Als mein Freund zu ihm kam, war er schwach und hilflos.

Vielleicht fürchtete er sich am Anfang vor so viel Nähe. Aber er hatte keine andere Wahl, er musste sich seinen Ängsten stellen. Er musste die Hilfe meines Freundes annehmen und ihm vertrauen. Vielleicht hatte mein Freund selbst Bedenken, als er sich diesem Kriminellen, diesem harten Typen näherte. Aber auch er hatte keine andere Wahl. Und mein Freund war sanft, berührte vorsichtig die Stellen, an denen der Mafioso Heilung brauchte. Auf eine wunderbare Weise führte die Schwäche des Mannes die beiden zusammen und half ihnen, ihre Furcht zu überwinden. Langsam wurden sie Freunde und stellten fest, dass man den anderen nicht fürchten muss, sondern dass man mit ihm lachen, reden, sich auf ihn freuen kann. In einem Raum voller Verletzlichkeit und gefördert durch eine körperliche Beziehung entstand so etwas wie Liebe.

Wir haben betrachtet, was Hass ist. Wir haben gesehen, dass Hass und Furcht sehr dicht beieinanderliegen. Sie sind Mauern, die unser Herz verschließen. Wir haben angefangen, über die Liebe zu sprechen, und gesehen, dass Liebe mit Schwäche beginnt. Es gibt einen schönen Text des Propheten Ezechiel, in dem Gott verspricht, unsere Herzen aus Stein durch Herzen aus Fleisch zu ersetzen (36,26). Ein Herz aus Fleisch ist viel leichter zu verwunden. Es ist verletzlich. Und trotzdem ist es ein menschliches Herz mit der Fähigkeit zur Liebe. Wer Liebe lernen will, muss sich immer verletzlicher machen, muss sein Herz aus der Kälte und Härte erlösen und sanft und warm machen.

Aber nachdem wir jetzt gesehen haben, dass Liebe besser ist als Hass, wollen wir uns die Zeit nehmen, herauszufinden, was es bedeutet zu lieben. Das könnte uns dann zurück zur Frage nach Gott führen.

Kapitel 9: Wie können wir lieben?

Im zehnten Kapitel des Lukasevangeliums prüft ein Gesetzeslehrer Jesus, indem er ihn fragt: »Was muss ich tun, um das ewige Leben zu erben?« Jesus erinnert ihn an das Gesetz, das der Mann natürlich kennt. »Du sollst den Herrn, deinen Gott, lieben mit deinem ganzen Herzen und mit deiner ganzen Seele und mit deiner ganzen Kraft und mit deinem ganzen Denken und deinen Nächsten wie dich selbst.« (10,25.27) Der Gesetzeslehrer fragt, wer denn sein Nächster sei. Daraufhin erzählt Jesus die Geschichte vom guten Samariter.

Ein Mann ging von Jerusalem hinunter nach Jericho und fiel unter die Räuber. Sie plünderten ihn aus, schlugen ihn, machten sich davon und ließen ihn halb tot liegen. Zufällig ging ein Priester denselben Weg hinunter. Er sah ihn und ging vorüber. Ebenso kam ein Levit an der Stelle vorbei, sah ihn und ging vorüber. Ein Samariter aber, der des Weges zog, kam in seine Nähe, sah ihn und wurde von Mitleid bewegt. Er ging zu ihm hin, goss Öl und Wein auf seine Wunden und verband sie. Dann setzte er ihn auf sein eigenes Lasttier, brachte ihn in eine Herberge und trug Sorge für ihn.

(Lukas 10,30–34)

Das Gleichnis zeigt uns, dass wir uns unseren Nächsten nicht aussuchen können. Lieben müssen wir ihn trotzdem.

Die hl. Thérèse von Lisieux erzählt von einer Schwester aus

ihrer Gemeinschaft, mit der sie zusammen arbeitete. Sie mochte sie nicht und wollte am liebsten fortlaufen, wenn sie mit ihr arbeiten musste. Diese Frau jagte ihr so viel Angst ein, dass sie sich schützen musste. Haben Sie so etwas auch schon erlebt? Ich bin sicher, es gibt Menschen, die Sie meiden, von denen Sie hoffen, dass sie nicht in Ihrer Klasse oder Ihrem Team sein werden. Vielleicht finden Sie manche Menschen sogar unerträglich. Wir würden sie uns nie als Nächste aussuchen. Gerade deshalb lautet die Frage nicht: »Wer ist unser Nächster?«, sondern: »Wie können wir lieben?«

Was können wir über die Liebe sagen? Ich glaube, wir können sagen, dass sie mit Anziehung beginnt. Wie haben Sie Ihre Freunde kennengelernt? Manchmal erinnert man sich gar nicht mehr so genau. Viele meiner Freundschaften haben in der Arche-Gemeinschaft begonnen, mit gemeinsamen Interessen. Sind Sie Teil einer Gruppe, die sich regelmäßig trifft, weil die Teilnehmer gemeinsame Interessen haben, ein gemeinsames Hobby, oder an einem Projekt zusammenarbeiten? Manchmal stellen wir fest, dass das Projekt nur ein Vorwand ist: Wir sind einfach gern zusammen, es macht uns glücklich, ein Gefühl, das sich in unserem Körper manifestiert. Freundschaft hat mit Anziehung und einer wachsenden Beziehung zu tun.

Aber wie sehen Beziehungen zu Menschen aus, mit denen Sie nie reden würden und die Sie überhaupt nicht anziehend finden? Was ist mit Menschen, die ganz anders sind als wir? Manchmal fühlen wir uns von jemandem angezogen, der unsere Hilfe braucht. Bei einem Besuch in Lourdes fühlte ich mich zu einem Mann hingezogen, der jeden Tag in der Nähe meines Hotels bettelte. Er sah aus, als wäre ihm kalt, und war mit Sicherheit ziemlich arm, also brachte ich ihm morgens eine Tasse Kaffee. Das schien ihm gutzutun.

Das Johannesevangelium erzählt uns von einer ganz ähnlichen Begegnung, wo Bedürftigkeit oder Schwäche Menschen zusammenbringt.

Jesus, müde von der Wanderung, ließ sich am Brunnen nieder.
Es war ungefähr die sechste Stunde. Da kam eine samaritische
Frau, um Wasser zu schöpfen. Jesus sagte zu ihr: Gib mir zu
trinken! Seine Jünger waren nämlich in die Stadt gegangen, um
Lebensmittel einzukaufen. Da sagte die Samariterin zu ihm:
Wie kannst du, ein Jude, von mir, einer Samariterin, zu trinken
verlangen? Juden verkehren nämlich nicht mit den Samaritern.
Jesus antwortete ihr: Wenn du die Gabe Gottes kennen wür-
dest und wer es ist, der zu dir sagt: Gib mir zu trinken!, dann
hättest du ihn gebeten, und er hätte dir lebendiges Wasser
gegeben.

(Johannes 4,6–10)

So unwahrscheinlich es sein mag, dass ich Zeit mit einem Bettler vor einem Hotel in Lourdes verbringe, so unwahrscheinlich ist es auch, dass Jesus Zeit mit dieser Frau verbringt. Denn wenn wir genau hinschauen, gibt es nicht weniger als drei Gründe, warum sie weit voneinander getrennt sind. Und alle drei Trennungen machen die Begegnung umso bemerkenswerter.

Die erste Trennung wird vom Erzähler genau benannt: eine religiöse Trennung, denn Juden und Samariter hatten nichts miteinander im Sinn. Beide Gruppen waren Abkömmlinge Abrahams, aber die Samariter lebten im Nordreich Israels. Irgendwann war ihr Land von den Assyrern erobert worden, und so hatte sich ihre religiöse Praxis ganz anders entwickelt als die der Juden. Sie beriefen sich auf die ersten fünf Bücher der Bibel, nicht jedoch auf die Propheten und die Weisheitsbücher. Außerdem hatten sie andere Heiligtümer. Die Juden beteten Gott im Jerusalemer Tempel an, die Samariter auf dem Berg Gerizim. Davon spricht auch die Frau am Brunnen:

Unsere Väter haben auf diesem Berg angebetet, aber ihr sagt, in
Jerusalem sei die Stätte, wo man anbeten muss. Jesus sagte zu
ihr: Glaub mir, Frau, es kommt die Stunde, wo ihr weder auf

diesem Berg noch in Jerusalem den Vater anbeten werdet. Ihr betet an, was ihr nicht kennt; wir beten an, was wir kennen, denn das Heil kommt von den Juden. Aber es kommt die Stunde und sie ist schon da, wo die wahren Anbeter den Vater im Geist und in der Wahrheit anbeten werden. Denn solche Anbeter sucht der Vater. Gott ist Geist und alle, die ihn anbeten, müssen im Geist und in der Wahrheit anbeten.

(Johannes 4,20–24)

Jesus lässt sich nicht auf die Trennung ein, sondern erklärt, alle, die sich der Wahrheit und Gott verschreiben, seien »wahre Anbeter«.

Die zweite Trennung wird sehr subtil angedeutet. Die Frau füllt ihre Wassergefäße am Mittag. Warum tut sie das zu der Stunde mit dem höchsten Sonnenstand, wenn der Weg von und zu ihrem Haus fast unerträglich ist? Alle anderen Frauen füllen ihre Krüge, wenn es kühl ist. Sie gehen zusammen, reden miteinander. Diese Frau jedoch scheint die anderen zu meiden. Die Sonnenhitze ist weniger schmerzhaft für sie als die Demütigung durch die anderen. Warum schämt sie sich so? Wir erfahren es, als Jesus zu ihr sagt: »Du hast richtig gesagt: Ich habe keinen Mann. Denn fünf Männer hast du gehabt, und der, den du jetzt hast, ist nicht dein Mann. Da hast du die Wahrheit gesagt.« (Johannes 4,17 f.) Jesus spricht also nicht nur mit einer Samariterin, sondern mit einer Frau, die aufgrund ihrer sexuellen Beziehungen in jeder Gemeinschaft ausgegrenzt würde, sei sie jüdisch oder samaritisch.

Die dritte Trennung ist wieder offensichtlich: Jesus ist ein Mann, sie ist eine Frau. In jener Zeit war es (wie auch heute noch in vielen Teilen der Welt) kaum denkbar, dass ein Mann und eine Frau frei miteinander sprachen. Der Text sagt denn auch, dass sich die Jünger wunderten, als sie zurückkamen (Johannes 4,27). Aber sie stellen das Verhalten Jesu nicht infrage. Inzwischen sind sie wohl daran gewöhnt, dass er sich auch auf unerwartete Begegnungen einlässt.

Um noch einmal auf den Bettler zurückzukommen, den ich in Lourdes traf: Ich genoss es, Zeit mit ihm zu verbringen. Ich brachte ihm ein paar Mal Kaffee, und wir redeten ein wenig miteinander, genossen aber auch die schweigende, körperliche Gegenwart des anderen. Am letzten Tag meines Aufenthalts fragte ich ihn, wo er in der Nacht zuvor geschlafen habe. »In einem kleinen Hotel hier in der Nähe«, sagte er mir und erklärte mir, sie hätten dort sehr vernünftige Preise und er wolle ohnehin nicht mehr lange in Lourdes bleiben. Er hatte eine kleine Wohnung in einer anderen Stadt, aber er besaß keinen Kühlschrank. So war er nach Lourdes gekommen, um zu betteln und das Geld zusammenzubringen. Sobald er genug gespart hätte, würde er nach Hause zurückkehren. Ich muss gestehen, ich war überrascht und amüsierte mich auch über diesen offenbar falschen Bettler.

Vielleicht ging es der Frau am Brunnen ähnlich wie mir, als Jesus, nachdem er sie um etwas zu trinken gebeten hatte, sagte: »Wenn du die Gabe Gottes kennen würdest und wer es ist, der zu dir sagt: Gib mir zu trinken!, dann hättest du ihn gebeten, und er hätte dir lebendiges Wasser gegeben.« (Johannes 4,10) Ich erinnerte den Bettler nicht daran, dass er auf dem Gehweg saß und einen leeren Hut vor sich hingestellt hatte. Ich wies ihn nicht darauf hin, dass ich ihm Kaffee mitgebracht hatte, weil er so verfroren und arm aussah. Die Frau am Brunnen ist mutiger und weist Jesus auf die Ironie der Situation hin: »Herr, du hast kein Schöpfgefäß, und der Brunnen ist tief. Woher hast du also das lebendige Wasser? Du bist doch nicht größer als unser Vater Jakob, der uns den Brunnen geschenkt und selbst daraus getrunken hat samt seinen Kindern und seinen Herden?« (Johannes 4,11 f.)

Jesus beantwortet die Frage indirekt.

Jeder, der von diesem Wasser trinkt, wird wieder Durst bekommen.[14] Wer aber von dem Wasser trinkt, das ich ihm geben werde, wird in Ewigkeit nicht mehr Durst haben; vielmehr wird das

Wasser, das ich ihm gebe, in ihm zu einer Quelle werden, deren
Wasser in das ewige Leben sprudelt.
(Johannes 4,13 f.)

Dieses Wasser ist die Antwort auf einen größeren Durst, an den
die Frau in diesem Moment gar nicht denkt. Jesus zeigt ihr die
Schwäche unseres Daseins als Geliebte, das menschliche Bedürfnis nach Gemeinschaft. Die Frau versteht noch nicht, was er
meint, aber dieses Wasser würde ihr womöglich viel Arbeit erspa-
ren.

Herr, gib mir dieses Wasser, damit ich keinen Durst mehr habe
und nicht mehr hierher zu kommen brauche, um zu schöpfen. Er
sagte zu ihr: Geh, ruf deinen Mann und komm wieder her! Die
Frau antwortete: Ich habe keinen Mann. Jesus sagte zu ihr: Du
hast richtig gesagt: Ich habe keinen Mann.
(Johannes 4,15 ff.)

Er zeigt ihr den größten Durst: ihre Einsamkeit. Sie kennt nur
zerbrochene Beziehungen, und sie geht allein zum Brunnen, weil
sie mit den anderen Dorfbewohnern keine Gemeinschaft pflegt.
Die Antwort auf ihre Frage: »Woher bekomme ich das lebendige
Wasser?« ist einfach und bereits gegeben. Dieses Wasser schöpft
man nicht mit Eimern, sondern durch das Zusammensein mit
anderen Menschen, durch die Zeit, die man zusammen verbringt.
Was Jesus ihr anbietet, ist Liebe. Liebe wird ihren menschlichen
Durst stillen und sie in einen Menschen verwandeln, der andere
lieben kann und so zu einer Quelle wird, »deren Wasser in das
ewige Leben sprudelt«.

Ich erinnere mich an eine Stadt, wo in den meisten Straßen die
Bettler eines Tages neue Schilder aufstellten. Statt um Geld zu
bitten, schrieben Sie: »Bitte ein Lächeln!« Viel zu oft wenden wir
uns ab, wenn wir jemanden sehen, der auf der Straße bettelt. Wir
scheuen vor dem Blickkontakt zurück, wenn wir behaupten, wir

hätten kein Kleingeld bei uns. Aber worum bitten diese Menschen eigentlich? Ich habe Tafeln und Suppenküchen in Nordamerika besucht, deren Tische sich unter den Backwaren vom Vortag bogen. Brot stillt nur einen sekundären Hunger. Kleingeld ist wie Brunnenwasser. Aber wie sieht es mit dem Wasser aus, dass fließt, wenn man sich anschaut und dem anderen sagt: »Du bist ein Mensch«?

Als die Jünger zurückkommen, drängen sie Jesus, etwas zu essen.

Rabbi, iss! Er aber sagte zu ihnen: Ich habe eine Speise zu essen, die ihr nicht kennt. ... Meine Speise ist es, den Willen dessen zu tun, der mich gesandt hat, und sein Werk zu Ende zu führen. ... Ich sage euch: Blickt umher und seht, die Felder sind weiß, reif zur Ernte. Schon empfängt der Schnitter Lohn und sammelt Frucht ein für das ewige Leben; so freuen sich gemeinsam der Sämann und der Schnitter.

(Johannes 4,31–36)

Liebe macht es uns möglich, uns gemeinsam zu freuen. Hier geht es um den Wert und die Schönheit des Menschen hinter seiner Rolle, hinter seinem Anderssein, seiner Zerbrochenheit und Fremdheit. Wir sind nicht mehr Sämann und Schnitter, sondern Menschen, die hungrig sind und ihre Ernte teilen. Wir sind nicht mehr Bettler und Geber, nicht mehr Samariter und Juden, wir spielen keine Rolle und haben keine Funktion auszufüllen. Liebe zeigt uns, dass wir alle Menschen sind. Vielleicht dachte ich, ich würde diesem Bettler mit dem Kaffee etwas Gutes tun. Vielleicht dachte die Frau am Brunnen, sie würde diesem müden Reisenden etwas Gutes tun, indem sie Wasser für ihn schöpfte. Aber mit der Liebe kommt die erstaunliche Erkenntnis, dass wir alle nach Beziehung dürsten. Ich stillte meinen Durst an dem Austausch mit dem Bettler in Lourdes, an Worten und Lachen und einem Gefühl von Freundlichkeit. Und auch er fühlte sich gestärkt, vielleicht nicht durch den Kaffee (den gab es wahrscheinlich in seinem Hotel auch), sondern durch die Zeit, die ich mir nahm, um mit ihm zusammen zu sein, durch die Momente, die wir nebeneinander auf dem Gehweg saßen und gaben und nahmen.

Wie können wir lieben? Vielleicht, indem wir es wagen, unser Herz für die Menschen um uns herum zu öffnen, vor allem für die, vor denen wir uns ein wenig fürchten. Es gibt Menschen, die wir nicht ertragen, vor denen wir am liebsten weglaufen würden, wie Thérèse von Lisieux es beschreibt. Aber dieses Weglaufen verstärkt nur die Mauern der Furcht, die uns vor der Angst in uns schützen sollen. Und wir können nichts gegen diese Angst unternehmen, wenn wir nicht bereit sind, unsere Furcht zu überwinden.

Thérèse beschloss, dass sie dieser Schwester jedes Mal, wenn sie zusammen waren, ihr schönstes Lächeln schenken würde. Wenn wir etwas wagen, passieren die seltsamsten Dinge. So wie ich beschrieben habe, dass Liebe den Menschen hinter der Funktion sichtbar macht, so können wir auch den Menschen hinter lästigen Eigenschaften erkennen, diesen schönen Menschen, der sich hinter all dem verbirgt, vor dem wir weglaufen möchten. Nach einer Weile fragte die Frau Thérèse: »Warum magst du mich eigentlich so gern?« Liebe kann harte Arbeit sein, aber möglich ist sie immer.

Wachstum beginnt, wenn ich sagen kann: »In mir ist ein Zwiespalt. Mit manchen Menschen kann ich offen, entspannt und einladend sein. Bei anderen werde ich verschlossen und gemein. Es gelingt mir nicht, ihnen zu vertrauen, und irgendetwas scheint mich fast dazu zu zwingen, mich abzuwenden.« Wachstum kann nur beginnen, wenn ich es wage, mich zu fragen, was dieses Etwas ist. Und indem ich mich frage, warum das so ist, fange ich an, die Schutzbarrieren in mir abzubauen. Ich lerne zu akzeptieren, dass ich hinter all diesen Barrieren verletzlich und schwach bin. Selbst in der Wirklichkeit meines eigenen Körpers vollzieht sich ein Kampf. Vielleicht weiß ich, dass du kostbar bist, aber ich bin nicht fähig, dich anzusehen und das anzuerkennen. Vielleicht bin ich nicht in der Lage, dich mit Respekt als Menschen zu berühren. Ich traue meiner eigenen Menschlichkeit nicht. Ich brauche dich. Auf eine geheimnisvolle Weise sind wir in einer Menschheitsfamilie vereint. Aber aus unserer Unsicherheit entsteht Angst. Erst wenn wir diese Angst annehmen, können wir lieben.

Kapitel 10: Wie können wir einander und der Welt dienen?

Deshalb, meine amerikanischen Mitbürger: Fragt nicht, was euer Land für euch tun kann – fragt, was ihr für euer Land tun könnt. Und meine Mitbürger in aller Welt: Fragt nicht, was Amerika für euch tun kann, sondern was wir gemeinsam für die Freiheit aller Menschen tun können.[8]

Wenn wir beginnen zu lieben, wenn wir beginnen, die Schönheit jedes Menschen zu sehen, dann erwacht in uns ein Bedürfnis, die Welt zu verändern. Wir fangen an, Systeme zu erkennen, die Ungerechtigkeit zementieren. Warum tun die Politiker nichts dagegen? Warum gestehen wir den Finanzmärkten mehr Einfluss zu als den Bürgern? Essenstafeln allein sind nicht genug. Der Arme auf der Straße symbolisiert die gesellschaftliche Notwendigkeit eines politischen Wandels, von kreativeren Hilfsmaßnahmen und einer radikalen Veränderung der Mehrheitskultur und unserer Wahrnehmung des Menschlichen. Eine meiner Studentinnen war auf der Highschool sehr aktiv gewesen. Sie und einige ihrer Freunde trafen sich, um über Weltpolitik zu diskutieren, über Konsumethik, Wahlsysteme und die Frage, ob Gewalt jemals ein akzeptables Mittel zur Konfliktlösung sein könne. Sie sammelten Geld für Schulen in armen Ländern, weil ihnen klar geworden war, dass alle davon profitieren, wenn Menschen überall auf der Welt eine gute Bildung bekommen und an den globalen Herausforderungen ihrer Generation teilnehmen können.

Nach der Highschool beschloss sie, Wirtschaftswissenschaften zu studieren, um irgendwann politisch mitzubestimmen und wirklich etwas verändern zu können. Sie hatte das Gefühl, ihr Fahrradfahren und ihre paar ehrenamtlichen Stunden in einem Obdachlosenheim wären nur ein Tropfen auf den heißen Stein, wenn es um so große Probleme wie Klimawandel und Obdachlosigkeit geht. Wir brauchen, so schloss sie, Stimmen in den oberen Etagen der Entscheidungsträger, die für die Sprachlosen sprechen.

Unsere Welt braucht Menschen, die die Botschaft der Menschen auf den Straßen in Regierungsgebäude und Investmentbanken hineintragen. Wir brauchen Menschen wir Aung San Suu Kyi, Mitglied des Parlaments und der *National League for Democracy* in Myanmar. Obwohl ihre Partei im Jahr 1990 59 Prozent der Stimmen und 81 Prozent der Parlamentssitze gewann, wurde sie danach noch 21 Jahre unter Hausarrest gehalten. Aber ihr Traum und ihre Hingabe an die Demokratie und Gewaltlosigkeit in ihrem Land waren unbesiegbar. Sie bekam große internationale Anerkennung, nicht zuletzt den Friedensnobelpreis 1991. Im Jahr 2010 endete ihr Hausarrest, im Jahr 2012 wurde sie in nationalen Nachwahlen ins Parlament gewählt. Ihre Rede »Freiheit von Angst« (1990) ist ein visionärer und kluger Kommentar zur politischen Realität in Myanmar und auf der ganzen Welt. Diese Rede beginnt folgendermaßen:

Nicht die Macht korrumpiert, sondern die Angst. Die Angst vor dem Machtverlust korrumpiert die Mächtigen, die Angst vor der Geißel der Macht korrumpiert die Machtlosen. ... Die Verbindung zwischen Angst und Korruption ist so stark, dass wir uns nicht wundern müssen, wenn in Gesellschaften, in denen die Angst regiert, auch die Korruption tief verwurzelt ist.[9]

Sie ist eine von vielen, die sich in Führungspositionen für Gerechtigkeit und Freiheit einsetzen. Andere bekannte Namen sind William Wilberforce, Nelson Mandela, Vandana Shiva und

Malala Yousafzai. Und es gibt noch viele Unbekannte, die unermüdlich auf höchster Entscheidungsebene dafür arbeiten. Ein undankbarer Job, der Kritik von allen Seiten hervorruft, aber ungeheuer wichtig, um den Frieden in der Welt voranzubringen.

Also: Wie können wir einander und der Welt dienen? Im neunzehnten Kapitel des Matthäusevangeliums stellt ein junger Mann Jesus eine ganz ähnliche Frage.

> *Es kam ein Mann zu ihm und fragte: Meister, was muss ich Gutes tun, um das ewige Leben zu erlangen? Er antwortete ihm: Was fragst du mich nach dem Guten? Nur Einer ist der Gute. Willst du aber das Leben erlangen, so halte die Gebote. Da fragte er ihn: Welche?* Jesus antwortete: Du sollst nicht töten; du sollst nicht ehebrechen; du sollst nicht stehlen; du sollst kein falsches Zeugnis ablegen; ehre Vater und Mutter; *und:* Du sollst deinen Nächsten lieben wie dich selbst. *Der junge Mann erwiderte ihm: Das alles habe ich befolgt, was fehlt mir noch? Jesus antwortete ihm: Willst du vollkommen sein, so geh hin, verkaufe, was du hast, und gib es den Armen; so wirst du einen Schatz im Himmel haben; dann komm und folge mir nach. Als der junge Mann das hörte, ging er traurig davon; denn er hatte viele Güter.*
> (Matthäus 19,16–22)

Ich frage mich, was für den jungen Mann so schwierig war: »Verkaufe, was du hast, und gib es den Armen« oder »Komm und folge mir nach«. Schon das Erste ist eine ziemliche Herausforderung. Wenn der junge Mann sich deshalb abwendet, hat er vielleicht begriffen, dass er noch nicht alles getan hat, um seinen Nächsten so zu lieben wie sich selbst. Vielleicht hat er an jemanden wie Lazarus gedacht und sich gefragt: »Ist dieser Mann mein Nächster?« Aber noch schwieriger ist vielleicht die Einladung Jesu zu akzeptieren: »Komm und folge mir nach.« Gib deine gesellschaftliche Stellung auf, deine Freunde und Familie, dein Umfeld, das dir vertraut ist und in dem du anerkannt bist, und folge mir.

Denn erst in diesem Zustand der Verletzlichkeit und Verlassenheit wird unsere wahre Fähigkeit offenbar, die Welt zu verändern.

Die erschütternde und zugleich aufbauende Wahrheit lautet: Wir alle haben Herzen, um zu lieben und geliebt zu werden. So einfach ist das. Und doch so furchtbar schwierig.

Paulus schreibt in seinem ersten Brief an die Gemeinde in Korinth:

Wenn ich mit Menschen-, ja mit Engelszungen redete, hätte aber die Liebe nicht, so wäre ich tönendes Erz oder eine gellende Schelle. Und wenn ich die Prophetengabe hätte und alle Geheimnisse wüsste und alle Erkenntnis und wenn ich allen Glauben hätte, sodass ich Berge versetzen könnte, hätte aber die Liebe nicht, so wäre ich nichts. Und wenn ich alle meine Habe verschenkte und wenn ich meinen Leib zum Verbrennen hingäbe, hätte aber die Liebe nicht, so nützte es mir nichts.

(1. Korinther 13,1–3)

Bei diesem Text besteht immer die Gefahr, ihn polarisierend oder dualistisch zu lesen. Indem wir die Vorherrschaft der Liebe betonen, könnten wir anfangen, zynisch über Bildung, Regierungen und Wohlstand zu denken. Das wäre aber naiv. Wissen, gesellschaftliche Strukturen und materielles Auskommen sind Teil unserer Wirklichkeit. Paulus meint nicht, wir sollten keine Sprachen lernen, kein naturwissenschaftliches Wissen erwerben, unsere Glaubenspraxis nicht vertiefen oder nicht mehr nach Idealen von Caritas und Opferbereitschaft leben. Seine Botschaft ist subtiler und viel herausfordernder. Was auch immer unser Platz im Leben ist, wie auch immer unsere Gaben oder unsere Lebenssituation aussehen mögen, wir können die Welt verändern, einfach indem wir das, was wir tun, mit Liebe tun. Es besteht eine vitale, lebensspendende Spannung zwischen dem Herzen und dem Kopf, und diese Spannung muss aufrechterhalten bleiben. Wir können klug lieben, uns also nicht in blinder Bewunderung dem anderen zu Füßen werfen, sondern unser Wissen, unsere Fähigkeiten und unsere Hilfsbereitschaft in den Dienst der Liebe stellen. Und das verändert alles. Der reiche junge Mann hätte all seinen Besitz den Armen geben können – wenn er Jesus dann nicht nachfolgte, würde er nicht in der Liebe wachsen und alles wäre bedeutungslos. Liebe ist die Quelle des Lebens in allem, was wir tun.

Viele Helfer, die zur Arche-Gemeinschaft stoßen, sind meiner Studentin vom Anfang dieses Kapitels sehr ähnlich. Sie wollen die Welt verändern, und sie wollen ihre Fähigkeiten entwickeln, um das wirksam zu tun. Sie kommen, um zu lernen, wie man eine sichere, fürsorgliche Umgebung für Menschen mit Behinderungen schafft. Sie wollen lernen, wie man jemanden wäscht, Medikamente ausgibt, psychologische und pädagogische Fähigkeiten herausbildet. Alles, um auf die Bedürfnisse der Kernmitglieder optimal eingehen zu können. Sie verstehen, wie ihr Dienst sich im Alltag entfaltet, und sie sind glücklich, dass sie helfen können.

Nach einer Weile jedoch werden sie müde und verlieren ihre Illusionen. Die Arbeit ist schwer, die Tage sind lang und die Pausen immer zu kurz. Sie werden nur dann länger in der Arche-Gemeinschaft bleiben, wenn sie entdecken, wie man jeden Augenblick mit Liebe erfüllt. Die Dusche ist wichtig – nicht nur für die Körperpflege eines Mitglieds, sondern weil man Zeit miteinander verbringt. Beim Kochen geht es nicht nur darum, Essen auf den Tisch zu bringen, sondern zusammen Karotten zu schneiden, über missglückte Rezepte zu lachen oder ein besonderes Geburtstagsessen zuzubereiten. Die gemeinsame Zeit am Abend dient nicht nur den Kernmitgliedern, sondern ist auch eine Chance für alle, sich zu entspannen, Neuigkeiten zu erzählen und die Gegenwart der anderen zu genießen.

Genau wie der reiche junge Mann können wir uns bis auf die Essenz unserer Menschlichkeit entkleiden. Reich oder arm, Suchtkranker oder Professor, Politiker oder Musiker – wir alle haben die

Fähigkeit, zu lieben und geliebt zu werden. Wir alle sind aufgerufen, in dieser Liebe zu wachsen, bedingungsloser und klüger zu lieben.

Hier liegt die Antwort auf die Frage, wie wir einander und der Welt dienen können. Liebe. Wir müssen unsere Fähigkeit zur Liebe entwickeln, und wir müssen uns öffnen, um immer noch mehr Liebe zu empfangen.

Kapitel 11: Was ist das Wesen der Liebe?

Lassen Sie uns zunächst einmal sagen, dass Liebe entsteht, wenn Mutter und Kind sich begegnen. Das klingt nicht besonders spirituell, eher körperlich, und tatsächlich handelt es sich um eine Begegnung durch Berührung, Körper, Augen, Lächeln, Lachen. Das Kind entdeckt, dass es geliebt wird. Und weil es geliebt wird, ist es eine Person. Liebe hat immer mit den Augen und der körperlichen Berührung zu tun. Sie liegt im Blick zwischen der Lehrerin und einem Schüler, der den Unterricht stört. Eine liebevolle Lehrerin wird das Kind nicht mit einem Blick ansehen, der sagt: »Du taugst nichts.« Sie wird es freundlich ansehen: »Das kannst du besser. Du bist ein wunderbarer Mensch. Dein Verhalten wird Konsequenzen haben, damit du verstehst, dass es andere stört und deinen eigenen Weg behindert. Aber tief drinnen bist du ein wunderbarer Mensch.«

Liebe bedeutet, von dem Menschen hinter dem Verhalten zu sprechen, hinter Fähigkeiten und Wissen. Hinter Zorn und Furcht und Angst stehst DU! Liebe ist aber nicht nur ein Blick, sondern auch ein Zuhören, ein Dasein, ein Verstehen, ein Helfen, damit der andere sich ändern und wachsen kann. Das heißt: Liebe ist Demut. Es macht Mühe, das störende Kind zu lieben oder den Großvater, der immer meinen Namen vergisst. Es macht Mühe, jemanden zu lieben, der nicht hinschaut und nicht aufpasst. Oder bei jemandem anzuklopfen, den wir gar nicht wirklich treffen wollen. Bei der Liebe geht es nicht darum, Menschen nach unseren Wünschen zu verändern. Liebe stellt keine Bedingungen. Sie verlangt von uns den Wunsch, anderen Menschen zu helfen, damit sie ganz sie selbst werden.

Ich möchte Ihnen von Pauline erzählen, einer Frau, die wir 1970 in unsere Gemeinschaft aufnahmen. Sie war einseitig gelähmt, litt unter epileptischen Anfällen und war zuckerkrank. Aber vor allem war sie extrem gewalttätig. Sie war ständig wütend, und es ist sehr schwierig, mit einem Menschen in einem unserer kleinen Arche-Häuser zusammenzuleben, der ständig schreit, brüllt und Sachen kaputt macht. Wir setzten uns mit unserem Psychiater zusammen und überlegten, wie wir Pauline helfen konnten. Er wies uns darauf hin, dass sie vierzig Jahre lang nichts als Demütigung erlebt hatte. Man hatte auf sie herabgeschaut, sie ausgelacht und als schwachsinnig bezeichnet. Ihre Eltern waren erbittert und sogar zornig, dass sie so eine Tochter hatten. Vermutlich hatten sie von einer Tochter geträumt, die man bewundern würde, wahrscheinlich hatten sie sich gewünscht, eines Tages Großeltern zu werden. Auch von ihren Schwestern wurde Pauline verachtet, sie galt als Schandfleck der Familie. In der Schule wurde sie wegen ihrer körperlichen und geistigen Behinderung ausgelacht, in der Öffentlichkeit wurde sie angestarrt. Das war in den Vierziger- und Fünfzigerjahren, als Menschen wie Pauline fast ausschließlich in Anstalten lebten und vor dem Rest der Gesellschaft versteckt wurden. Sie war also über viele Jahre hin furchtbar gedemütigt worden. Und wenn Menschen gedemütigt werden, zerbricht ihr Selbstbild. Sie hassen sich: den gelähmten Arm und das Gehirn, das diese schrecklichen Krampfanfälle verursacht. Sie hassen das, was sie für die Zurückweisung verantwortlich machen. Und so werden sie zu gespaltenen Persönlichkeiten. Und Spaltung, Trennung, führt zu Leiden, das haben wir schon besprochen.

Menschliches Leiden und Demütigung können uns in die Depression führen. Ich verschließe mich, glaube, dass ich nichts tauge, will mich vor dem Rest der Welt verstecken. Vielleicht werde ich auch gewalttätig. Ich versuche, mir einen Weg durchs

Leben zu erstreiten und all die Leute zu bekämpfen, die mich ablehnen und verspotten.

Die Herausforderung für uns, die wir mit Pauline zusammenlebten, bestand nun nach Ansicht unseres Psychiaters darin, immer Pauline zu sehen: unter ihrer Gewalt, ihrem Zorn, ihrer Depression. Es ging darum, bei Pauline, der Geliebten zu sein. Was heißt das? Kommen wir zurück zu unserer Anfangsfrage: Was ist Liebe?

Paulus schreibt in seinem ersten Brief an die Korinther:

> *Die Liebe ist langmütig, gütig ist die Liebe, sie ist nicht eifersüchtig, die Liebe prahlt nicht, sie bläht sich nicht auf. Sie handelt nicht taktlos, sie sucht nicht den eigenen Vorteil, sie lässt sich nicht erbittern, sie trägt das Böse nicht nach. Sie freut sich nicht über das Unrecht, freut sich vielmehr mit an der Wahrheit. Alles deckt sie zu, alles glaubt sie, alles hofft sie, alles duldet sie.*
>
> (1. Korinther 13,4–7)

Die Liebe ist langmütig. Langmut wird wichtig, wenn andere uns lästig sind, uns die Wände hochgehen lassen oder uns das Gefühl geben, wir könnten ihre Anwesenheit keinen Augenblick lang mehr ertragen. In solchen Momenten lernen wir Langmut und Geduld. Wir lernen – so wie damals mit Pauline – sehen, dass der andere verletzt ist. Dass Demütigung zu Trennungen und Schichtungen geführt hat, hinter denen sich der geliebte Mensch versteckt. Wir lernen zu warten. Zu warten, bis sich die Schönheit zeigt. Darauf zu vertrauen, dass jeder von uns ein wichtiger, einzigartiger Teil der Menschheitsfamilie ist. Zu glauben, dass es in uns allen etwas gibt, das kostbarer ist als Zorn und Angst. Es geht darum, die eigenen Gefühle zu akzeptieren und darauf zu warten, dass sich unsere innerste Identität zeigt. Langmut und Geduld werden gebraucht, bis ein Samenkorn zu keimen und zu wachsen beginnt.

In einem der Gleichnisse Jesu beschreibt er ein Feld, auf dem

Unkraut neben dem Weizen wächst. Die Landarbeiter machen sich Sorgen und fragen den Herrn, ob sie das Unkraut ausreißen sollen. Aber der Bauer ist klug, er weiß, wie wichtig Geduld, Akzeptanz und Warten sind. Deshalb antwortet er:

>»Nein, ihr könntet beim Einsammeln des Unkrauts zugleich auch den Weizen ausreißen. Lasst beides miteinander wachsen bis zur Ernte. Wenn dann die Ernte da ist, will ich den Schnittern sagen: Sammelt zuerst das Unkraut und bindet es in Bündel, um es zu verbrennen. Den Weizen aber bringt in meine Scheune.«*
(Matthäus 13,29 f.)

Geduld hat auch mit Treue zu tun. Wenn unser Geliebtsein oder das Geliebtsein eines anderen verborgen ist, müssen wir warten. Liebe ist Langmut und Geduld.

Die Liebe ist nicht eifersüchtig. Manchmal zog Pauline einen der Helfer einem anderen vor. Manchmal war einer der Helfer ihr besonders zugeneigt. Aber Liebe hat nichts mit Verschmelzen zu tun. Verschmelzen heißt, dass zwei Menschen zusammenkommen und dem anderen keine Möglichkeit mehr lassen, selbst zu wachsen und sich zu entwickeln. Das kann zu Abhängigkeiten führen. Die Gefahr der Verschmelzung liegt darin, dass sich das innerste Selbst einer Person nicht mehr zeigen kann, wenn sie sich zu sehr über die andere definiert. Liebe heißt nicht festhalten, sondern warten, bis sich etwas entwickelt.

Die Liebe prahlt nicht, sie bläht sich nicht auf, sie handelt nicht taktlos, sie sucht nicht den eigenen Vorteil. Paulines Gewalt konnte andere gelegentlich dazu verleiten, zu beweisen, dass sie mächtiger, stärker, lauter, sturer waren als sie. Aber Liebe hat mit Dienen zu tun. Mit dem demütigen Dasein beim anderen. Ich bin nicht hier, um zu beweisen, dass ich besser bin als Sie. Ich bin ein Mensch wie Sie, ein Kind Gottes wie Sie. Wir sind alle einzigartig. Unsere Geschichten unterscheiden sich, unsere Gaben unterscheiden sich. Aber letztlich sind wir in einem alle gleich: Wir sind ein unersetzlicher Teil der Menschheitsfamilie. Und wer seinen eigenen Vorteil sucht, wer besser sein will als der andere, wer den anderen besiegen will, leugnet die Einheit und Gleichheit. Wie es Paulus so schön sagt: »So sind zwar viele Glieder da, aber nur *ein* Leib. … Und wenn *ein* Glied leidet, leiden alle mit; wenn *ein* Glied ausgezeichnet wird, freuen sich alle Glieder mit.« (1. Korintherbrief 12,20.26)

Die Liebe freut sich nicht über das Unrecht, sie freut sich vielmehr mit an der Wahrheit. Die Liebe ist untrennbar mit Ehrlichkeit verbunden, auch in schwierigen Situationen. Es hätte Pauline nichts genützt, wenn wir so getan hätten, als hätte sie keine Behinderung, oder wenn wir ihre Gewalttätigkeit ignoriert hätten, als würde sie niemanden stören. Als würde sie nicht alle Beziehungen um sie herum beeinträchtigen. Selbstverständlich gibt es richtige und falsche Arten, wahrhaftig zu sein. Wer Pauline lieben wollte, durfte ihr ihre Behinderung und Gewalttätigkeit nicht brutal vor Augen stellen. Das hatte sie ja schon so oft erlebt. Trotzdem war es wichtig, sie auf eine authentische Weise zu lieben. Wir mussten selbst wachsen, damit wir mit ihr glücklich sein konnten.

Wahrheit und Einheit gehören zusammen. Wir sehen das in den Paradoxa, wenn widersprüchliche Bilder oder Ideen zusammenkommen, um eine neue Wahrheit zu enthüllen – der Begriff des »dienenden Anführers« beispielsweise. Wahrheit hat ihren eigenen, dauerhaften Klang. Für Pauline bedeutete Einheit, dass sie die Schönheit ihres Körpers kennenlernen durfte. Solange sie ihn ablehnte, fand sie keinen Frieden. Es war ihr wichtig, dass alle Helfer, die ihr beim Duschen und Baden halfen, das mit Respekt und Ehrfurcht taten. Es war für Pauline auch wichtig, dass ihr Haar auf eine bestimmte Weise frisiert wurde, die ihr gefiel, dass sie Kleider tragen konnte, in denen sie sich schön fühlte, und dass sie Parfüm auflegen konnte. Dabei ging es nicht darum, ihren Körper *trotz* der Behinderung schön zu machen, sondern *mit* der Behinderung. Sie sollte die Wahrheit, dass sie schön war, erkennen.

Und diese Wahrheit brachten wir ihr durch Zärtlichkeit näher. Wir haben schon über die Beziehung zwischen Mutter und Kind gesprochen, die im Wesentlichen auf Zärtlichkeit beruht. Zärtlichkeit ist ein Weg hin zu einer schwachen, zerbrechlichen, verletzlichen Person. Aber sie ist nicht nur ein Weg. Sie liegt in unserem respektvollen Blick, im Willkommensgruß und in der Bewunderung einer Schönheit, die vielleicht kaum zu sehen ist.

Ikonendarstellungen von Maria und dem kleinen Jesus verkörpern diese Liebe, diese mütterliche Zärtlichkeit. Aber es geht um viel mehr. Maria stand auch am Kreuz (vgl. Johannes 19,25). Als Jesus starb und laut schrie, war ihre Anwesenheit ein Moment unglaublicher Zärtlichkeit, anders kann ich es mir nicht vorstellen. Jesus hatte Demütigung erlebt. Man hatte ihn verspottet, er galt als Versager, weil er Israel nicht befreit hatte, seine Freunde hatten ihn verlassen. Menschen, die Demütigung erfahren haben, die verletzt und zurückgewiesen worden sind, brauchen besonders viel Zärtlichkeit. Menschen mit einem zerbrochenen Selbstbild, die sicher sind, dass sie nichts taugen, brauchen Zärtlichkeit. Sie rufen sie in uns wach, beispielsweise der mürrische alte Mann, dessen Blick ganz weich und dessen Hand zärtlich wird, wenn er sein erstes Enkelkind in den Arm nimmt.

Zärtlichkeit entsteht, wenn wir ein Neugeborenes oder einen Sterbenden erleben. Doch wenn sie am Anfang und am Ende unseres Lebens vorhanden ist, dann können wir sicher sein, dass sie auch in der Mitte existiert. Irgendwo sind wir alle kleine Kinder. Und irgendwo sind wir alle Sterbende. Wir werden gedemütigt, verletzt, abgelehnt. Zärtlichkeit entsteht aus unserer eigenen Verletzlichkeit, unserem Mitgefühl. Wir empfangen sie, damit wir geben können. Sie ist eine Gnade, die durch uns hindurchgeht. Zärtlichkeit ist Liebe.

Alles deckt sie zu ... alles duldet sie. Was Pauline anging, so brauchte sie einfach Freunde. Wir mussten begreifen, dass ihre

Gewalttätigkeit ihre Art war, zu fragen: »Liebst du mich?« Sie lud uns in eine Beziehung ein, so wie wir sie einluden, in eine Freundschaft, die über das Dienen und Helfen hinausgeht. Freundschaft ist das allmähliche Begreifen, dass im Zusammensein mit dem anderen ganz tief in uns eine Saite angeschlagen wird. Eine Bindung entsteht, ein Gefühl, dass der andere uns etwas ganz Besonderes schenkt. Darin liegt eine gewisse Demut, weil wir den anderen bewundern. Bei Pauline waren das ganz kostbare Momente. Manchmal blickte sie einfach auf und sagte: »Danke.« Manchmal trafen sich unsere Blicke, und das reichte schon. Aber es dauerte lange. Und dazwischen gab es immer wieder die Momente, in denen ihre zerbrochene Seite zum Vorschein kam: Zorn, Ablehnung und Eifersucht. Es ist ein langer Weg, der viele Jahre in Anspruch nehmen kann.

Alles glaubt sie, alles hofft sie. Glaube und Vertrauen entsteht aus einem Gefühl der Einheit, der Zusammengehörigkeit. Es ist das unerschütterliche Wissen, dass wir alle Teil der Menschheitsfamilie sind. Die Pädagogik der Arche-Gemeinschaft besteht darin, immer wieder zu sagen: »Ich bin froh, mit dir zusammenzuleben.« In der alltäglichen Freude aneinander zeigt sich die Kostbarkeit und Wichtigkeit jedes Einzelnen.

Aus unserer Bindung an Pauline entstanden Vertrauen und Freundschaft. Und daraus entstand ein Gefühl der Einheit, weil wir sie als geliebten Menschen sahen. Und auch sie konnte erst Vertrauen entwickeln, als sie in der Sicherheit dieser Freundschaft fest verankert war. Wir begrüßten sie mit einem Lächeln und fanden wahrhaftige Wege, ihr zu zeigen, dass wir gern mit ihr zusammen waren. Wir wünschten uns wirklich, dass es ihr gut ging, dass sie glücklich war, dass sie spürte, sie ist geliebt. Wunsch und Hoffnung gehören eng zusammen. Aber aus einem Wunsch wird dann Hoffnung, wenn wir darauf vertrauen können, dass er sich erfüllt. Manchmal sind die Anzeichen dafür kaum wahrnehmbar. Aber das Vertrauen überwindet die Kluft zwischen dem, was ist, und dem, was wir anstreben. Sie lindert das Leiden der Sehnsucht, sodass wir in der Hoffnung leben dürfen.

Pauline hat mich lieben gelehrt. Sie hat mich gelehrt, die Liebe besser kennenzulernen und in ihr zu wachsen. Zu lieben und geliebt zu werden ist unsere größte Fähigkeit und unsere größte Herausforderung. »Ich aber sage euch, liebt euere Feinde und betet für die, die euch verfolgen.« (Matthäus 5,44)[10] So entsteht Frieden: durch Geduld, Freundlichkeit, Offenheit, Demut, Akzeptanz und Respekt, Vergebung, Wahrheit, Vertrauen und Hoffnung. Wenn wir in all dem wachsen, wachsen wir auch in der Liebe. Paulus fährt in seinem Brief an die Korinther fort:

Als ich ein Kind war, redete ich wie ein Kind, dachte wie ein Kind, urteilte wie ein Kind. Als ich ein Mann wurde, legte ich ab, was kindlich (an mir) war. Jetzt sehen wir in einem Spiegel alles rätselhaft, dann aber von Angesicht zu Angesicht. Jetzt erkenne ich stückweise, dann aber werde ich ganz erkennen, so wie auch ich ganz erkannt worden bin. Jetzt bleiben Glaube, Hoffnung, Liebe, diese drei; doch am größten unter ihnen ist die Liebe.

(1. Kor., 13,11–13)

Das Wesen der Liebe zeigt sich gleich zu Anfang unseres Lebens, wenn das Kind in den Armen seiner Mutter liegt. Und wenn wir in unserer Menschlichkeit wachsen wollen, heißt das, wir müssen wachsen wie ein Kind. Es gibt eine schöne Ähnlichkeit zwischen sehr jungen und sehr alten Menschen, eine Ähnlichkeit, über die wir im Zusammenhang mit der Zärtlichkeit schon gesprochen haben. Wer in der Liebe wächst, der wächst hin zu einer Begegnung mit dem anderen. Wir lernen einander kennen, den Schwächeren, Bedürftigen ebenso wie den Zerstörer und Verfolger. Beide sind geliebt, genau wie wir. Aber das können wir nicht allein. Wir müssen Kraft dafür finden, und wir müssen nach einer tief liegenden Quelle der Liebe suchen. Und damit meine ich natürlich Gott. Wie es Johannes in seinem ersten Brief erklärt:

Geliebte, wir wollen einander lieben; denn die Liebe ist aus Gott und jeder, der liebt, stammt von Gott und erkennt Gott. Wer nicht liebt, hat Gott nicht erkannt; denn Gott ist die Liebe. ... Niemand hat Gott jemals gesehen; wenn wir einander lieben, bleibt Gott in uns und seine Liebe ist in uns vollendet.

(1. Johannes, 4,7 f., 12)

Denken wir noch einmal an die Frage nach der Existenz Gottes. Johannes schreibt: Niemand hat Gott jemals gesehen, aber wir kennen die Liebe. Wir wissen, dass Liebe besser ist als Hass. Wir wissen, dass Liebe die Welt verändert. Dass sie über uns ist, dass wir in sie hineinwachsen müssen, eine Kraft, die viel mehr tun kann, als wir erbitten oder uns vorstellen können (vgl. Epheserbrief 3,20). Wenn wir die Liebe kennen, dann kennen wir Gott. Das Wesen der Liebe ist das Wesen Gottes.

Kapitel 12: Wie greift Gott in menschliche Angelegenheiten ein?

Ich bin mir absolut sicher, dass Gott die Menschen liebt. Gott hofft und sehnt sich danach, dass die Menschen glücklich sind, dass sie nicht in die Fänge des Bösen geraten. Wir lassen uns so leicht von dem Wunsch verführen, die Besten zu sein, zu siegen. Dabei liegt tief in uns verborgen eine Sehnsucht nach Gott, nach der Unendlichkeit. Wir wünschen uns unendliche Liebe. Und weil wir nicht sicher sind, ob wir fähig oder würdig sind, eine so starke, bedingungslose Liebe zu empfangen, haben wir Angst. Dieser Prozess ist Teil unseres Menschseins, wir kommen darauf später noch zurück. Unsere menschliche Sehnsucht nach dem Unendlichen kann sich in Gier, Wettstreit und individuellem Ehrgeiz äußern. Wir wollen mehr Geld, mehr Anerkennung, auf jeden Fall mehr als der Nachbar. Unser sehr menschliches Verlangen, denjenigen zu lieben, der uns liebt, wird verzerrt und lässt uns andere zerstören. Aber das will Gott ganz sicher nicht – jener Gott, der die Welt so sehr geliebt hat (vgl. Johannes 3,16), der uns alle so sehr geliebt hat, dass er seinen einzigen Sohn hingab, um diese Liebe zu verkörpern und unser Freund zu werden.

Diese Gewissheit in Bezug auf Gottes Liebe ist tief in mir verwurzelt. Ich habe die Arche-Gemeinschaft gegründet, weil ich wusste, dass jeder Mensch in der Einrichtung, die ich besucht hatte, wichtig war. Gott liebt jeden Menschen! Wir sehen das sogar in der Geschichte von Adam und Eva. Gott hat sie mit großer Sorgfalt erschaffen, ihnen einen schönen Garten geschenkt und ihnen den Atem des Lebens eingehaucht, damit sie ein freies Leben führen können. Aber dann kommt diese schreckliche Versuchung (die wir wohl alle irgendwie kennen), dieser Moment, in dem sie denken: Wäre es nicht besser für uns, alles Wissen, alle Macht zu besitzen und alles Menschenmögliche zu erkennen, damit wir selbst entscheiden können, was gut oder weniger gut für die Menschheit ist? Irgendwo in uns drin gibt es diese Sehnsucht, Gott kennenzulernen. Aber auch die Sehnsucht, Gott zu *sein*. Schon zu Beginn der Menschheit gab es diese Sehnsucht. Wir haben bereits über diese Geschichte gesprochen. Aber als die Menschen wirklich alles falsch gemacht haben, gerade da kommt Gott und sucht nach ihnen, ruft nach ihnen. »Wo bist du?« Und so sucht er uns auch, voller Sorge und Liebe. Gott greift in das Schicksal des Menschen ein, indem er jeden ruft. Jeder von uns hat ein Gewissen, das uns zur Wahrheit und Gerechtigkeit ruft. Gottes Eingreifen zeigt sich in jedem Menschen, der bereit ist, persönlichen Vorteil und Ehrgeiz aufzugeben, um der Welt den Frieden zu bringen. Gottes tiefste Sehnsucht ist, dass wir uns in Liebe vereinen, mit ihm und mit allen Menschen. Er greift ein, aber er tut es diskret und respektvoll, indem er hier ein Herz verwandelt und dann da, bis seine große Vision Wirklichkeit wird.

Es gibt viele Dinge, die wir über unsere Menschheitsgeschichte nicht wissen. Wir erzählen sie immer wieder auf neue Weise, um unsere heutige Welt zu verstehen. Einer Version zufolge entwickelt sich die Geschichte hin zu immer mehr Gewalt, Katastrophen und Kontrollverlust. Wir haben Waffen erfunden, die jeden einzelnen Menschen auf dieser Erde vernichten können. Wir verbrauchen die Ressourcen der Erde so, dass die ökologischen Systeme verwüstet werden und Hunderte von Arten aussterben. Radikale religiöse und politische Bewegungen gewinnen immer mehr Einfluss, und diese Entwicklung polarisiert unsere Gespräche und verschärft die politische Debatte, ohne Lösungen zu bringen. Diese Version ist die Geschichte des Krieges.

Und sie ist nicht falsch. Aber wahr ist auch, dass die Geschichte der Menschheit von Gottes Eingreifen erzählt. Von einem Eingreifen, das uns zum Frieden anleitet.

Erinnern wir uns: Zu Beginn lebten die Menschen in kleinen Gruppen. Natürlich unterschieden sich diese Gruppen je nach geografischen und anderen Faktoren. Aber es gab immer diese Gruppen. Je größer sie wurden, desto häufiger spalteten sich neue, kleinere Gruppen ab. Ich kenne mich damit nicht besonders gut aus, aber ich weiß, dass man die Entwicklung dieser Gemeinschaften verfolgen kann. Eine Möglichkeit dazu ist die Sprache. In Papua-Neuguinea gibt es beispielsweise 734 Sprachen, in jedem kleinen Dorfgebiet eine andere. Sie unterscheiden sich so stark voneinander, dass die Menschen eher den Begriff »my Tok«, meine Sprache, verwenden als den Namen des Dorfes. Aber obwohl diese Sprachen so unterschiedlich sind, stammen sie alle aus einer gemeinsamen Wurzel. Man kann sie nach Struktur und Grammatik gruppieren. Daraus schließt man, dass sich die Bevölkerung von Papua-Neuguinea allmählich ausgebreitet hat. Das Land ist bergig, und so lebten die Gruppen nach ihrer Trennung sehr isoliert voneinander. Aus diesem Grund entwickelten sich auch die Sprachen getrennt.

Ähnliche Vorgänge haben sich weltweit vollzogen, in Bezug auf die Traditionen und Rituale rund ums Essen, die Ehe, die Verbindung zu Gott, Politik, Kunst und Musik. Unzählige Gruppen haben sich in unterschiedlicher Weise entwickelt.

Es ist eine Geschichte der Spaltung und Trennung. Und wie wir bis heute sehen können, entstanden daraus Konflikte. Die Gruppen brauchten mehr Land und Zugang zu Ressourcen. Ihre Macht wuchs, und sie konnten ihr Territorium und ihren Besitz verteidigen und ausweiten. Transport und Nahrungsmittelproduktion verbesserten sich, sodass mehr Kontakt zwischen all diesen verschiedenen Gruppen möglich wurde. Für manche Menschen führte das zu einer Phase von Gier getriebener Expansion, Kolonisation. Zum Krieg. Anführer, Könige und politische

Staatsoberhäupter verstrickten sich in ihrer Gier nach Macht und vergaßen ihr Gewissen. Zu Anfang ging es für sie alle ums Überleben, aber irgendwann geriet die Entwicklung außer Kontrolle. Es ging nur noch darum, Land und Besitz anzuhäufen.

Andere Entwicklungen zeigen aber die unwiderstehliche Sehnsucht nach Frieden, die von Gott kommt und in jedem von uns lebt. In Nordamerika haben sich die Völker der Mohawk, Onondaga, Oneida, Cayuga, Seneca und Tuscarora in all ihrer Verschiedenheit zusammengeschlossen und die Konföderation der Irokesen oder »Six Nations« gegründet. Sie steht unter dem »Großen Gesetz des Friedens«, das von Dekanawidah und Hiawatha entwickelt wurde.

Wir sehen also, dass sich die Menschheit immer in beide Richtungen entwickelte. Auf der einen Seite hin zu Konflikten, Kriegen und der Entstehung wachsender Imperien. Auf der anderen Seite zu einer Gemeinsamkeit von Gruppen in Harmonie und Friedfertigkeit. Überall erkannte man die Schrecken des Kriegs und des Bösen.

Aus einer eher europäischen Perspektive können wir einen doppelten Höhepunkt nach dem Ende des Zweiten Weltkriegs beobachten. Vor allem durch die weltweite Erkenntnis zweier schrecklicher Wahrheiten. Die eine wird repräsentiert durch Auschwitz, das berüchtigtste aller nationalsozialistischen Vernichtungslager. Etwa 1,5 Millionen Menschen wurden dort ermordet, und neunzig Prozent der Opfer waren Juden. Aber auch polnische Widerstandskämpfer, Sinti und Roma, sowjetische Kriegsgefangene, Homosexuelle und Menschen mit geistiger Behinderung waren darunter. Das Wort »Holocaust« bedeutet: ganz verbrannt. Es ist eine passende Beschreibung für den unfassbaren Völkermord, der in der ersten Hälfte des 20. Jahrhunderts begangen wurde.

Der zweite Höhepunkt ist die Explosion der amerikanischen Atombomben in Japan, zunächst in Hiroshima am 6. August 1945, drei Tage später in Nagasaki. Mehr als hunderttausend

Menschen starben unmittelbar bei diesen Angriffen, Zehntausende erlitten Strahlenschäden. Nur dieses eine Mal wurden Atomwaffen im Krieg eingesetzt, und bis heute ist ihr Einsatz höchst umstritten. Nach meinem Empfinden kann eine Zerstörung von Leben in diesem Maßstab nie gerechtfertigt werden. Aber das ist eben tatsächlich meine persönliche Meinung.

In diesen Ereignissen sehen wir eine Abkehr von Gott, eine Perversion der Sehnsucht nach Nähe zum unendlichen Gott. Wir haben zu Beginn des Kapitels schon darüber gesprochen. Und hier sehen wir nun, welche Katastrophen entstehen, wenn unser Verlangen, Gott kennenzulernen, nicht als solches erkannt und nicht voller Demut und Staunen gelebt wird. Dann entwickelt sich daraus nur allzu schnell eine Sehnsucht, Gott zu *sein*.

Hitler strebte nach Reinheit: eine reine Rasse, die Harmonie und Frieden erreichen sollte. Er sah nicht die Reinheit, die in unserer wunderbaren Verschiedenheit bereits angelegt ist – die Reinheit der Menschheitsfamilie. Wir alle sind einzigartige Teile eines Körpers der Menschheit, wir sind kostbar und geliebt. Hitlers perverse Ideologie verlangte nach Macht und blutigem Zwang, nach Diktatur. Das alles steht Gott entgegen, denn Gott wirkt jenseits unserer Vorstellungen und ruft uns zur Teilhabe auf, nicht mit Macht und Kontrolle, sondern mit Selbstaufgabe und Vertrauen.

Auch in der Atomforschung geht es um die Sehnsucht, die Unendlichkeit kennenzulernen und die Quelle aller Dinge zu finden. Albert Einstein, einer der erstaunlichsten und einflussreichsten Naturwissenschaftler des 20. Jahrhunderts, war ein Pazifist und ein Mann mit großem Respekt für die Natur und einer Neugier für die ganze Welt. Diese Neugier war die Triebfeder seiner Forschung, aber er stand unter dem Einfluss von Politiker mit einem geradezu zwanghaften Bedürfnis nach Herrschaft. Auch eine Wissenschaft, die im Geist des Staunens beginnt, kann die Frucht der Zerstörung in sich tragen. Und wieder lädt Gott uns ein, zu lernen, zu forschen, Gott kennenzulernen – durch unsere Erfahrungen, die Wissenschaft und die Erkenntnis seiner großartigen Schöpfung, aber immer im Geist von Ehrfurcht und Demut. Wenn wir nur noch unseren eigenen Vorteil suchen, zerstören wir das Leben.

Im Jahr 1948 wurde von der Generalversammlung der Vereinten Nationen die Allgemeine Erklärung der Menschenrechte verabschiedet. Die ersten beiden Artikel dieser Erklärung sind besonders schön. Sie scheinen in den schrecklichen Ereignissen der ersten Jahrhunderthälfte verwurzelt, wie Blumen, die auf einem Komposthaufen wachsen.

Alle Menschen sind frei und gleich an Würde und Rechten geboren. Sie sind mit Vernunft und Gewissen begabt und sollen einander im Geist der Brüderlichkeit begegnen.

Jeder hat Anspruch auf die in dieser Erklärung verkündeten Rechte und Freiheiten ohne irgendeinen Unterschied, etwa nach Rasse, Hautfarbe, Geschlecht, Sprache, Religion, politischer oder sonstiger Überzeugung, nationaler oder sozialer Herkunft, Vermögen, Geburt oder sonstigem Stand.

Des Weiteren darf kein Unterschied gemacht werden aufgrund der politischen, rechtlichen oder internationalen Stellung des Landes oder Gebiets, dem eine Person angehört, gleichgültig ob dieses unabhängig ist, unter Treuhandschaft steht, keine Selbstregierung besitzt oder sonst in seiner Souveränität eingeschränkt ist.[11]

Hier kommt die Einheit in der Vielfalt unserer Menschheitsfamilie zum Ausdruck. Es geht nicht um eine Artikulation von Einheit, sondern um ein wachsendes Gefühl von Wertschätzung für unsere Verschiedenheit und die Einzigartigkeit jedes einzelnen Menschen. Das jüdische Volk ist so wunderbar und schön! Es ist eine Schande, dass Juden verfolgt werden, wo doch jeder einzelne Mensch so kostbar ist. Und damit ist klar, dass man jüdische Männer und Frauen nicht nur als Juden identifizieren kann.

Ebenso wenig wie Christen nur aufgrund ihres Christentums identifiziert werden dürfen, oder Deutsche und Amerikaner aufgrund ihrer Nationalität. Das wachsende Gefühl der Einheit beruht auf der Würde jedes einzelnen Menschen, einer Würde, die uns in all unserer Verschiedenheit eint.

Darin beobachten wir eine schöne Entwicklung der Menschheit. Auf eine Art wird damit unsere soziale Identität geöffnet, die Etiketten werden entfernt, die uns allzu eng definieren: Christen, Muslime, Amerikaner, Mexikaner, Schwule oder Heteros, Liberale oder Konservative. Gleichzeitig wird unsere universelle Gemeinsamkeit sichtbar. Dieses Paradox der Einheit in Verschiedenheit schreibt eine Geschichte des Friedens für die ganze Menschheit. Eine Entwicklung hin zur Vollkommenheit des Menschen, zur Erfüllung unserer Sehnsucht nach Frieden statt Krieg, Liebe statt Hass. Tief in dieser Bewegung zur Einheit unserer Wirklichkeit ist das alles verborgen.

Wie greift Gott in die lange Entwicklung ein, die von geschlossenen Gruppen mit getrennten Traditionen und Sprachen zu offenen Gruppen führt – Gruppen, die die Schönheit und den Wert jedes Menschen würdigen können? In dieser langen Entwicklung und Bewegung greift Gott sehr diskret ein, indem er jeden einzelnen Menschen dazu einlädt, ein Mensch des Friedens zu werden und an Gottes Einheitsvision teilzuhaben. Gott zieht jeden Menschen durch sein persönliches Gewissen hin zu Gerechtigkeit, Wahrheit und Liebe.

Gott lädt uns immer ein, in der Liebe zu wachsen, weil er uns liebt und es nicht erträgt, mit anzusehen, wie wir leiden oder anderen Leid zufügen. In der gesamten Menschheitsgeschichte sind Männer und Frauen aufgestanden und haben Gottes Einladung sichtbar und hörbar gemacht. Über einige sprechen wir in diesem Buch: Dekanawidah, Dorothy Day, Aung San Suu Kyi, Mohandas (Mahatma) Gandhi, Martin Luther King jr., Etty Hillesum, Malala Yousafzai, Abdul Ghaffar Khan, Sophie und Hans Scholl, Dietrich Bonhoeffer, Tony Walsh und Vananda Shiva.

Andere sind weniger bekannt: Vor Kurzem habe ich etwas über eine Gruppe namens »Richmond 16« gelesen, sechzehn Männer aus der englischen Stadt Richmond, die im Jahr 1916 den Militärdienst verweigerten. In diesem Jahr war ein Gesetz in Kraft getreten, dass alle Männer zwischen achtzehn und einundvierzig Jahren zum Wehrdienst verpflichtete. Wer aus religiösen oder politischen Gründen keinen Militärdienst ableisten wollte, konnte vor einem (sehr skeptischen) Gericht dagegen Einspruch einlegen. Einige Männer bekamen daraufhin andere Aufgaben. Die Mitglieder von »Richmond 16« weigerten sich jedoch, in irgendeiner Weise am Ersten Weltkrieg teilzunehmen. Sie kamen aus sehr unterschiedlichen religiösen und politischen Strömungen – Quäker, Methodisten, Jehovas Zeugen, Sozialisten, Kongregationalisten und Anglikaner waren unter ihnen –, aber sie waren sich in der Überzeugung, dass Krieg etwas ganz und gar Unchristliches und Inhumanes war, einig. Auf die Wände ihrer Gefängniszellen schrieben sie: »Du sollst nicht töten« und »Wer diesen Krieg durch Kämpfen beenden will, könnte ebenso gut einen Fußboden trocknen, indem er Wasser darauf schüttet.« Sie wurden in Frankreich in ein elendes Verlies gesperrt, sie wurden gefoltert, litten unter Durchfall und wurden mit dem Tod bedroht. Irgendwann wurden sie freigelassen, aber es fiel ihnen sehr schwer, sich in eine Gesellschaft zu integrieren, die dem Krieg so positiv gegenüberstand.[12]

Heute haben wir einen Begriff für Menschen, die sich gegen den Mainstream stellen, weil sie ihre eigene Wahrheit leben wollen. Wir nennen sie Verweigerer aus Gewissensgründen. Solange sich Menschen erinnern, gibt es Geschichten von Männern und Frauen, die aufstehen und der Menschlichkeit ein Gesicht geben, die uns einladen, dem Weg des Friedens zu folgen. Männer und Frauen mit einer besonderen Offenheit für Gott, wie auch immer sie formuliert wird.

Wir können auch in die ersten Bücher der Bibel schauen, um festzustellen, wie Gott in dieser Welt eingreift. Er schickt Propheten, starke Männer und Frauen, die seine Liebe verkünden und die Menschen in ihrer Gesellschaft und Kultur auf den Weg des Friedens rufen. Durch Worte und Taten führen sie die Menschen in die Freiheit.

Zu Mose sagt Gott:

Ich habe das Elend meines Volkes, das in Ägypten ist, wohl gesehen und sein Schreien über ihre Peiniger gehört. Ja, ich kenne seine Leiden. Darum bin ich herabgestiegen, um es aus der Gewalt der Ägypter zu befreien und aus diesem Land herauszuführen in ein schönes und weites Land, in ein Land, das von Milch und Honig fließt ... So geh nun! Ich will dich zum Pharao senden. Führe mein Volk, die Israeliten, aus Ägypten heraus! Mose aber sprach zu Gott: Wer bin ich, dass ich zum Pharao gehe und die Israeliten aus Ägypten herausführe? Gott erwiderte: Ich werde mit dir sein.

(Exodus 3,7 f.; 10 f.)

Welch eine Zärtlichkeit: »Ich habe das Leiden meines Volkes gesehen.« So sehr liebt Gott diese Welt.

Mose steht nicht nur für die Kraft und den Mut der Propheten des Friedens, sondern was noch viel wichtiger ist: Er steht für Demut und Vertrauen. »Wer bin ich, dass ich zum Pharao gehen soll?«, fragt er. Dabei ist niemand besser dafür geeignet als er, niemand weiß mehr, niemand ist stärker und hat mehr Charisma. Gott erwidert Mose: »Ich bin bei dir.« Und Mose vertraut Gott.

Vor Jeremia entfaltet Gott eine wunderschöne Vision des Gewissens: »Bevor ich dich im Mutterleib bildete, habe ich dich erwählt ... Zum Völkerpropheten habe ich dich bestellt.« (Jeremia 1,5)

Demut und Vertrauen sind gleichbedeutend mit Selbstaufgabe und Vertrauen, über die wir schon im Zusammenhang mit dem Gewissen gesprochen haben. Demut ist gleichbedeutend mit Selbstaufgabe, denn es geht wirklich darum, das eigene Selbst –

das Ego, die persönlichen Pläne und den Ehrgeiz – loszulassen für etwas Größeres, etwas, was jenseits unserer individuellen Kontrolle und unseres Horizonts liegt. Johannes der Täufer beschreibt es perfekt, wenn er von der Freude spricht, die der Freund des Bräutigams empfindet, wenn er seine Stimme hört. »Er muss wachsen, und ich muss abnehmen.« (vgl. Johannes 3,29 f.) Demut heißt Hingabe an die Bewegung des Lebens, die Bewegung des Friedens.

Gottes Eingreifen manifestiert sich in unserer Gesellschaft durch die Tradition. Religiöse Praxis und Strukturen lehren uns, auf unser Gewissen zu hören, sodass wir gemeinsam eine persönliche Beziehung zu Gott aufnehmen können. Aber darauf lässt sich Gottes Eingreifen nicht beschränken. Auch nach der Befreiung des Volkes Israel von der ägyptischen Herrschaft schickte Gott Propheten, um die Menschen zu tadeln, weil sie nicht auf ihn hörten, und sie zu mehr Offenheit, zum Zuhören, zu Wahrheit und Liebe einzuladen.

Durch den Mund des Propheten Amos sagt er: »Ich hasse und verwerfe euere Feste, ich kann euere Festversammlungen nicht riechen … Aber wie Wasser flute das Recht und die Gerechtigkeit wie ein nie versiegender Bach!« (Amos 5,21.24)

Durch den Mund des Propheten Jesaja verkündet er seinen Zorn über übertriebenes Fasten und den Wunsch der Menschen, andere auszustechen und unsere Frömmigkeit zur Schau zu stellen:

Ist nicht dies ein Fasten, wie ich es liebe: Ungerechte Fesseln öffnen und des Joches Stricke lösen, die Bedrückten frei entlassen und jegliches Joch zerbrechen, dein Brot dem Hungrigen brechen und arme Obdachlose aufnehmen in dein Haus, den Nackten, den du siehst, bekleiden und dich deinen Mitmenschen nicht entziehen?

(Jesaja 58,6 f.)

Auf vielerlei Weise offenbart Jesaja Gottes schöne Vision von der Menschheit:

Bereiten wird der Herr der Heerscharen allen Völkern auf diesem Berg ein Festmahl mit fetten Speisen, ein Mahl mit alten Weinen, mit markigen, fetten Speisen, mit alten erlesenen Weinen! Auf diesem Berg nimmt er die Hülle weg, die auf allen Völkern liegt, und die Decke, die über allen Nationen ausgebreitet ist. Er vernichtet den Tod auf immer, Gott, der Herr, wischt ab die Tränen von jedem Angesicht und nimmt seines Volkes Schmach hinweg von der ganzen Erde Ja, der Herr hat gesprochen.
(Jesaja 25,6–8)

Gottes Einladung gilt »allen Völkern«, sie sollen zum Festmahl kommen und teilhaben an Einheit und Freundschaft. »Sie werden ihre Schwerter zu Pflugscharen schmieden und ihre Speere zu Winzermessern.« (2,4)

Und dann spricht er vom größten aller Propheten: dem Messias: »Denn ein Kind ist uns geboren, ein Sohn ist uns geschenkt; die Herrschaft ruht auf seinen Schultern. Man ruft seinen Namen aus: Wunderbarer Ratgeber, Starker Gott, Ewiger Vater, Friedensfürst.« (9,5)

Gott hat den größten aller Propheten, den Messias geschickt, auf den das jüdische Volk wartete: Jesus, seinen geliebten Sohn. Jesus ist das Wort, das Fleisch geworden ist, die Verkörperung von Gottes Liebe und seiner Sehnsucht nach liebender Einheit mit uns. Gott ist Vereinigung, und darin liegt auch vollkommene Menschlichkeit. Diese tiefe Sehnsucht offenbart sich erst in der Menschheit und drückt sich beredt in Jesu Gebet aus, das er in der Nacht vor seiner Kreuzigung spricht:

Alle sollen eins sein, wie du, Vater, in mir bist und ich in dir, damit auch sie in uns eins sind und die Welt glaubt, dass du mich gesandt hast. Und ich habe die Herrlichkeit, die du mir gegeben hast, ihnen gegeben, damit sie eins sind, wie wir eins sind, ich in ihnen und du in mir. So sollen sie zur vollendeten Einheit gelangen, damit die Welt erkennt, dass du mich gesandt und sie geliebt hast, wie du mich geliebt hast. ... Ich habe ihnen deinen Namen kundgetan und werde ihn weiterhin kundtun, damit die Liebe, mit der du mich geliebt hast, in ihnen ist und auch ich in ihnen.

(Johannes 17, 21–23,26)

Jesus verlangt nicht die irdische, zeitgebundene Macht eines Königs. Er will zum König unserer Herzen werden. Er will, dass wir ihm auf dem Weg der Liebe folgen. Dieses Verlangen bestimmt die Bewegung hin zu Frieden und Einheit, die wir entdeckt haben, bestätigt von den Erscheinungen Gottes, dem Wort Gottes an die Menschheit. Gott betritt unsere Welt in Gestalt von Friedenspropheten, die auf ihr Gewissen hören: Verweigerer aus Gewissensgründen, Männer und Frauen, die von Ungerechtigkeit sprechen und es wagen, die Wahrheit zu sagen, wenn alle anderen schweigen. Menschen, die Gottes mitfühlende Sehnsucht nach der Menschheitsfamilie teilen, nach einem Zusammenkommen in Liebe.

Gott hat Jesus in die Welt gesandt, die Inkarnation von Liebe, Wahrheit, Gerechtigkeit und Frieden, damit wir diese Werte aus nächster Nähe kennenlernen. Jesus verspricht seinen Freunden, den Jüngern, dass er ihnen den Heiligen Geist schicken will, den Paraklitus, der uns lehrt und uns allen hilft, Propheten und Botschafter des Friedens zu werden.

Gott greift nicht immer im großen Stil ein, sondern oft auch durch kleine Akte der Bereitschaft von Menschen, in der Weisheit und Liebe Gottes zu wachsen. Einige Friedenspropheten sind allgemein bekannt, andere nicht. Doch es gibt Quellen der Freude und Liebe und des Lebens in ihren Gemeinschaften, sie leben mit Hingabe und Vertrauen und bringen Menschen zusammen. Gott ist in allen, die außerhalb unserer Strukturen von Recht und Religion, von kulturellen Normen und Erwartungen stehen. Er ist in denen, die es wagen, den Mauern und Schranken zu entfliehen und uns dazu aufrufen, dasselbe zu tun. Menschen, die jeden Einzelnen von uns und unsere gesamte Gesellschaft dazu aufrufen, unsere Einheit als Geliebte zu erkennen.

Gott möchte, dass jeder von uns an seinem Platz in die Entwicklung unserer Welt eingreift. Das kann durch Akte der Liebe geschehen, die die Schranken der Angst aufheben. Darum bete auch ich: dass Gott in anderen und in mir die Saat des Hasses vertreibt, die uns voneinander trennt. Dieses Werk des Friedens geschieht in uns, aber wir brauchen dazu Gottes Hilfe. Eine wunderbare Gegenseitigkeit vollzieht sich da: Wir brauchen Gott, damit er in uns Wohnung nimmt und uns zur Wahrheit und Liebe führt. Und er sehnt sich nach uns, damit wir uns ihm zuwenden und in seiner Liebe leben.

Kapitel 13: Wenn Gott gut und allmächtig ist, wie kommt es, dass das Böse existiert?

Beginnen wir mit dem ersten Teil dieser Frage: »Wenn Gott gut und allmächtig ist...« Was bedeutet das? Vielleicht müssen wir das Wesen Gottes noch einmal betrachten, das Wesen seines Eingreifens und seiner Beziehung zu uns. In der Offenbarung gibt es einen schönen Text. Jesus sagt da: »Ich stehe vor der Tür und klopfe an. Wer meine Stimme hört und die Tür öffnet, bei dem werde ich einkehren und Mahl mit ihm halten und er mit mir.« (Offenbarung 3,20)

So einfach ist das mit Gottes Eingreifen und seiner Einladung an uns: Jesus steht vor der Tür und klopft an. Vielleicht will ich nicht, dass er hereinkommt. Vielleicht bin ich viel zu eingespannt in meine Aktivitäten und höre ihn gar nicht. Und wenn ich ihn höre, vielleicht habe ich keine Zeit.

In diesem Text hören wir den tiefen, liebevollen Respekt Gottes, der an die Tür unseres Herzens klopft und hofft, dass wir ihn einlassen, damit er in uns leben und uns die Liebe lehren kann. »Ein neues Gebot gebe ich euch: Liebt einander! Wie ich euch geliebt habe, so sollt auch ihr einander lieben.« (Johannes 13,34) Wir können nur lieben, wenn wir bereit sind, die Tür unseres Herzens zu öffnen und Jesus einzulassen. Davon spricht Jesus auch in dem Gebet am Abend bevor er verraten wurde: »Ich in ihnen und du in mir. So sollen sie zur vollendeten Einheit gelangen, damit die Welt erkennt, dass du mich gesandt und sie geliebt hast, wie du mich geliebt hast.« (Johannes 17,23) Sind wir bereit, die Tür zu öffnen?

Allmählich begreifen wir den unglaublichen Respekt Gottes unserer Freiheit gegenüber. Gott tritt die Tür unseres Herzens nicht ein. Unsere Freiheit ist so groß, dass wir sogar Mitglied der Mafia werden können wie der Mann, von dem ich im achten Kapitel erzählte. Er war misshandelt worden und glaubte, er müsse stark sein, um sich vor künftiger Misshandlung zu schützen. Deshalb konnte er Gott die Tür nicht öffnen, er wollte aus sich heraus stark sein, er wollte nicht schwach sein. Das Besondere ist aber, dass Gott vor der Tür steht und wartet.

Ich schätze die folgenden Worte von Etty Hillesum sehr, geschrieben mitten im Holocaust:

> *Es sind schlimme Zeiten, mein Gott. Heute Nacht geschah es zum ersten Mal, dass ich mit brennenden Augen schlaflos im Dunkeln lag und viele Bilder menschlichen Leides an mir vorbeizogen. (…) Nur dies eine wird mir immer deutlicher: dass du uns nicht helfen kannst, sondern dass wir dir helfen müssen, und dadurch helfen wir uns letzten Endes selbst. Es ist das Einzige, auf das es ankommt: ein Stück von dir in uns selbst zu retten, Gott.[13]*

Erinnern Sie sich an die Frage zu Beginn des Johannesevangeliums: »Meister, wo wohnst du?« (1,38) Diese Frage stellen wir alle. Wo wohnt Gott? Etty Hillesum sagt, Gott lebt in uns, und wir müssen Platz für ihn machen, wir müssen diesen Gott »bewahren«, dessen Gegenwart uns Frieden mitten in Leid und Härten bringt. Dessen Gegenwart es uns möglich macht, unsere Feinde zu lieben und uns von Furcht und Hass zu befreien. Sie schreibt weiter:

> *Und obwohl mir dieser Tag sonst nicht viel gebracht hat, als zuletzt die notwendige und rückhaltlose Konfrontation mit Tod und Untergang, so darf ich doch den deutschen Soldaten nicht vergessen, der mit einer Tüte Möhren und Blumenkohl am Kiosk stand. (…) Auch für diesen deutschen Soldaten werde ich heute*

Abend beten. Eine der vielen Uniformen hat nun ein Gesicht bekommen.[14]

Gott lädt uns ständig ein: »Kommt und seht!« Aber wir müssen erst die Tür öffnen. Wir müssen unsere Ohren für sein Wort öffnen, unsere Augen für die Wunder der Schöpfung und unsere Herzen für den Schmerz und die Schönheit unserer Brüder und Schwestern.

Haben Sie schon einmal vor einer Tür gewartet, nachdem Sie geklopft hatten? Sie wissen, der Mensch ist zu Hause, aber Sie haben das Gefühl, er will Sie nicht sehen. Wenn Sie lediglich ein Paket abliefern wollen und Ihnen sonst nichts an dem Menschen liegt, dann werden Sie vielleicht sauer, weil Sie weiterfahren und Ihre Tour beenden wollen, aber es bereitet Ihnen kein Kopfzerbrechen. Am Ende des Tages haben Sie es wieder vergessen. Wenn Sie den Menschen aber wirklich lieben, auf den Sie da warten, wenn Sie ihn unbedingt sehen wollen, weil er Ihnen lieb und teuer ist, dann kann das Warten sehr schmerzhaft sein. Was macht er da drinnen? Hat er Sie vergessen? Will er Sie nicht sehen? Das tut weh.

Wir entdecken in diesem Beispiel unseren verletzten Gott. Einen Gott, dem man wehgetan hat, den wir zurückweisen und demütigen. Ja, ich würde sogar sagen, wir entdecken die Tränen Gottes.

Jesus wird am Kreuz gedemütigt:

Die Vorübergehenden lästerten ihn, schüttelten den Kopf und sagten: Der du den Tempel niederreißen und in drei Tagen wieder aufbauen willst, rette dich selbst, wenn du der Sohn Gottes bist, und steig herab vom Kreuz! Ähnlich spotteten auch die Hohenpriester, die Schriftgelehrten und Ältesten und sagten: Anderen hat er geholfen, sich selbst kann er nicht helfen. Er ist doch der König von Israel! Er soll jetzt vom Kreuz herabsteigen, dann wollen wir an ihn glauben. Er hat auf Gott vertraut; der soll ihn

jetzt retten, wenn er Gefallen an ihm hat. Er hat ja gesagt: Ich bin
Gottes Sohn. Ebenso schmähten ihn aber auch die Räuber, die
zusammen mit ihm gekreuzigt worden waren.

(Matthäus 27,39–44)

Jesus wurde verlassen, verurteilt und lächerlich gemacht, von seinen eigenen Leuten und von den Anführern seiner Religion. Einige seiner Freunde erwarteten wohl wirklich, er könnte vom Kreuz herabsteigen. Und so erwarten auch manche von uns, unser allmächtiger Gott müsse nicht anklopfen, sondern könne die Tür einfach aufbrechen. Selbst die Jünger hatten solche Hoffnungen. Aber Gott tut das nicht, und Jesus wird gekreuzigt. Das Kreuz offenbart uns das Geheimnis, das in der Schwäche und der Verletzlichkeit der Liebe liegt.

Manchen fällt es schwer, die Verletzlichkeit Gottes zu akzeptieren. Einmal bekam ich einen Brief, in dem es darum ging. Jemand war empört und beleidigt, weil ich gesagt hatte, Jesus könne gedemütigt und verletzt werden und sei kein starker Turm. Manche Menschen haben eine Vorstellung von Gott als allmächtigem Eroberer, der selbst im Tod noch stark und trotzig am Kreuz hing. Sie wollen nicht akzeptieren, dass Jesus Schmerzen litt, dass er verlassen war und zu Gott schrie: »Mein Gott, mein Gott, warum hast du mich verlassen?« (Matthäus 27,46) Diese Erkenntnis kann sehr bedrohlich auf Menschen wirken, die einen starken Gott und einen mächtigen Retter brauchen.

Einige der Jünger empfanden es ebenso. Man kann sich vorstellen, was für Erwartungen sie hatten, als Jesus unter Hosianna-Rufen in Jerusalem einzog. Endlich ein Anführer, der das Volk von der Unterdrückung durch die römischen Besatzer befreien konnte. Er hatte Lazarus von den Toten aufgeweckt, sie wussten also schon, dass er zu Großem fähig war.

Am folgenden Tag hörte die Volksmenge, die zum Fest gekommen war, Jesus komme nach Jerusalem. Da nahmen sie Palm-

zweige, zogen ihm entgegen und riefen: Hosanna! Gepriesen sei er, der kommt im Namen des Herrn, der König Israels! Jesus fand einen jungen Esel und setzte sich darauf – wie geschrieben steht: Fürchte dich nicht, Tochter Zion! Siehe, dein König kommt; er sitzt auf dem Fohlen einer Eselin. Das verstanden seine Jünger zuerst nicht. Aber als Jesus verherrlicht war, erinnerten sie sich, dass dies über ihn geschrieben war und man es so für ihn ausgeführt hatte. Die Volksmenge, die bei ihm gewesen war, als er Lazarus aus dem Grab rief und von den Toten auferweckte, legte davon Zeugnis ab.

(Johannes 12,12–17)

Jesus reitet auf einem Esel, nicht auf einem Pferd. Der Esel galt als Symbol des Friedens, das Pferd war ein Tier des Krieges. War Jesus nicht gekommen, um die Besatzung zu beenden? Mich berührt das Eingeständnis seiner Jünger, dass sie es zuerst nicht verstanden. Vielleicht wären Sie, ähnlich wie der Briefschreiber, ein bisschen zornig gewesen, hätte sie jemand auf das Paradox an diesem Einzug hingewiesen. Sie waren noch nicht bereit zu akzeptieren, wie klein und zerbrechlich Jesus war.

Maurice Zundel, ein Schweizer Priester und Theologe, hat sehr schön und erkenntnisreich über dieses unerwartete Wesen Gottes geschrieben. Ähnlich wie Etty Hillesum schreibt er, dass wir unseren Blickwinkel komplett umkehren müssen. Nicht wir bedürfen der Rettung, sondern Gott. Gott muss vor uns gerettet werden, so wie die Musik vor unserem Lärm, die Wahrheit vor unseren Fantasien und die Liebe vor unserem Besitzstreben gerettet werden muss.[15]

Wie oft in der Geschichte wurde Gott in Anspruch genommen, um Eroberungen zu rechtfertigen, Machtergreifungen, Unterdrückung und Unterjochung von ganzen Gruppen unter der Tyrannei? Es gibt viele Beispiele dafür, von den Kreuzzügen über die Indianer-Internate in Nordamerika bis hin zu radikalen Zionisten und Dschihadisten. Wie leicht können wir Gott verletzen, der sich nach unserer Einheit sehnt und dessen tiefstes Verlangen ist, dass alle Menschen zusammenkommen. Wir müssen Gott vor unserem eigenen zwanghaften Bedürfnis nach Macht retten.

Zundel schreibt von einem zerbrechlichen Gott, der wohl erstaunlichsten Offenbarung des Evangeliums. Von einem zerbrechlichen Gott in unseren Händen, unserem Gewissen anvertraut. Dass Gott aus Liebe zu den Menschen gestorben ist, die sich hartnäckig weigern, ihn zu lieben, bezeichnet er als das wahre Licht, das vom Kreuz ausgeht.[16]

Da Gott aber die Liebe ist, können wir auch sagen, dass Gott verletzt wird, wenn wir uns weigern zu lieben. So einfach ist das.

Wir haben schon vom Gewissen gesprochen, von der leisen Stimme, die uns auf den Weg des Friedens ruft, der Anziehung von Wahrheit und Liebe, von Gerechtigkeit und Freiheit. Sie wird geboren, wenn wir den »Ich bin« spüren, wenn wir spüren, dass Gott in uns ist. Wir haben gesehen, wie leicht man ein Gewissen ersticken kann. Genauso zerbrechlich ist Gottes Gegenwart in uns. Zundel schreibt von einem universellen Ich in den Tiefen der menschlichen Seele, das uns zusammenführt, zerbrechlich, geheimnisvoll, still wie eine Kerzenflamme. Hier sieht er den wahren Gott, einen anderen gibt es für ihn nicht.[17] Gott ist eine verletzliche Flamme, eine leise Stimme, ein demütiger Jesus, der an unsere Tür klopft.

Menschen, die einen starken Gott brauchen und die Verletzlichkeit Jesu nicht akzeptieren wollen, können vielleicht auch nicht akzeptieren, dass nicht ihre Stärke sie zur Einheit in Liebe führen wird, sondern ihre eigene Verletzlichkeit. Ihre Vision des Christentums sieht so aus, dass wir stark sein und Gott stark verkünden müssen. Um der Wirklichkeit ihrer eigenen Schwäche zu entfliehen, klammern sie sich an einen allmächtigen, perfekten Gott.

Wer behauptet, Gott sei perfekt, sagt damit, dass Gott nichts fehlt. Das ist ein metaphysischer theologischer Standpunkt. Wenn

Gott aber nichts fehlt, dann kann es für ihn auch kein Leiden und keinen Schmerz geben. Wenn wir aber die einfache Vorstellung akzeptieren, dass Gott die Liebe ist (1. Johannes 4,8), dann müssen wir uns fragen, wie das Leiden der Liebe aussieht. Wie leidet ein Gott, der die Liebe ist?

Johannes schreibt auch: »Jeder, der liebt, stammt von Gott und erkennt Gott.« (1. Johannes 4,7) So können wir darauf vertrauen, dass unsere eigenen Erfahrungen mit der Liebe uns etwas über das Wesen Gottes und seines Leidens sagen. Bei Jesaja wird Gott mit einer Analogie der Liebe einer Mutter zu ihrem Kind beschrieben: »Wie einen seine Mutter tröstet, will ich euch trösten.« (Jesaja 66,13) Eine Mutter leidet an ihrer Liebe. Sie ist aufs Engste mit ihrem Kind verbunden. Sie waren einmal ein Leib, dann hat sie es in ihren Armen gehalten und an ihrer Brust genährt. Staunend sieht sie ihm beim Wachsen zu, sie will es beschützen, für sein Glück sorgen. Gleichzeitig hofft sie, dass es frei sein und sich entfalten kann, dass es sich also ein Stück weit von ihr entfernt. Das kann sehr schmerzhaft sein. Wenn das Kind nicht anerkennt, dass sie ihm das Leben geschenkt hat, dann kann das sehr verletzend sein. Wenn es verletzt oder gedemütigt wird, dann fühlt sie sich wie zerrissen von Mitgefühl und einer tiefen Sehnsucht, es fest im Arm zu halten und seine Angst zu besänftigen.

Dieses mütterliche Gottesbild ist sehr erhellend. Eine Analogie ist eine Beschreibung, die Merkmale eines Subjekts auf ein anderes überträgt, um etwas deutlich zu machen. Aber sie kann nie alles beschreiben. Durch die Analogie der Mutter lernen wir sehr viel über Gott, aber sie beschreibt ihn nicht vollständig. Eine Mutter ist ein liebender Mensch. Gott ist kein liebender Mensch, er ist die *Liebe*. Wir müssen uns immer klarmachen, dass wir uns hier am Rand eines großen Geheimnisses bewegen. Wir können in das Geheimnis des Leidens Gottes eindringen, wir können mit Gott ringen und ihn infrage stellen, aber die Wahrheit ist immer zu groß für uns.

Aber wie Johannes schreibt: Wir können Gott erkennen, auch

wenn wir ihn nicht ganz verstehen. Das ist nicht so erstaunlich, wie es auf den ersten Blick scheinen mag. Wir kennen unsere Freunde, auch wenn wir nicht alles über sie wissen. So können wir auch Gott kennen, ohne alles über ihn zu wissen. Wir kennen sein Leiden, weil es auf irgendeine Weise eng mit unserem eigenen Leiden verbunden ist, mit dem Leiden unseres Geliebtseins und unserer Angst.

Die Angst hilft uns zu sehen, dass wir Jesus brauchen, nicht als starke Macht, die uns aus dem Rachen der Versuchung zieht, sondern als engen Freund, der uns tröstet. Trösten heißt, uns wissen lassen, dass wir geliebt sind. »Du bist kostbar in meinen Augen.« (Jesaja 43,4) Trösten heißt, zu sagen: »Ich bin bei dir.« Jesus wurde Fleisch und lebte unter uns (vgl. Johannes 1,14), damit er ganz bei uns sein konnte. Er kam, um uns in unserer Angst beizustehen und damit wir ihm in seiner Angst beistehen, damit wir das Leiden Gottes erkennen und so zu ihm gezogen werden. Das Wort »lebte unter uns«, um unsere Erfahrungen von Freude und Leid zu teilen, von Staunen und Ablehnung. Und es »wurde Fleisch«, wurde zur körperlichen Zärtlichkeit, damit wir Gottes Liebe zu jedem einzelnen Menschen kennenlernen und ihn lieben lernen.

Manchmal begreifen wir nicht recht, was es mit dem Leib Jesu und unserem eigenen Körper auf sich hat. Unser Körper entspricht unserem Leben in der Wirklichkeit, unseren Erfahrungen. Wir hören mit unseren Ohren, wir sehen und beobachten mit unseren Augen und berühren mit unseren Händen (vgl. 1. Johannes 1,1). Wenn das Wort Fleisch wurde, dann um an unserer menschlichen Erfahrung teilzuhaben.

Unser Körper ist ein Werkzeug der Beziehung. Wir brauchen unsere Ohren, um einander zuzuhören, unsere Augen, um uns zärtlich anzublicken, unsere Hände, um uns in Liebe und Respekt zu berühren. Durch Berührung, durch Linderung und Heilung für den Körper des Mafioso freundete sich der Arzt mit ihm an. Durch Kaffee und Gespräche, durch Blickkontakt, freundete ich mich mit dem Bettler in Lourdes an. Das Wort wurde Fleisch, um eine echte Beziehung zu uns aufnehmen zu können.

Ein paar Tage nach seinem Einzug in Jerusalem versammeln sich Jesus und die Jünger zum Pessachmahl. Wieder können wir uns ihre Erwartungen vorstellen. Jesus ist (fast) wie ein Held in die Stadt eingezogen. An Pessach feiert das jüdische Volk seine Befreiung von der Sklaverei in Ägypten. Dies ist die perfekte Gelegenheit für einen Befreier, in Aktion zu treten.

> *Da erhob sich Jesus, der wusste, dass der Vater ihm alles in die Hände gegeben und dass er von Gott ausgegangen war und nun zu Gott zurückkehrte, vom Mahl, legte die Oberkleider ab, nahm ein Leinentuch und band es sich um. Dann goss er Wasser in das Waschbecken und begann, den Jüngern die Füße zu waschen und mit dem Leinentuch abzutrocknen, das er sich umgebunden hatte.*
>
> (Johannes 13,3–5)

Ein erstaunlicher Akt der Liebe und Machtlosigkeit. Er könnte die Menge mobilisieren, die Römer herausfordern, die Unterdrückung beenden. Wird der Messias endlich das jüdische Volk zum Sieg führen? Für die Jünger ist es ein krisenhafter Augenblick. Petrus fasst sein Unbehagen als Erster in Worte:

> *»Herr, du willst mir die Füße waschen?« Jesus antwortete ihm: »Was ich tue, verstehst du jetzt nicht; aber später wirst du es begreifen.« Petrus entgegnete ihm: »Niemals sollst du mir die Füße waschen!« Jesus antwortete ihm: »Wenn ich dich nicht wasche, hast du keinen Anteil an mir.« Da sagte Simon Petrus zu ihm: »Herr, nicht nur meine Füße, sondern auch die Hände und den Kopf!« Jesus sagte zu ihm: »Wer gebadet ist, hat nicht nötig, sich zu waschen, sondern ist ganz rein. Auch ihr seid rein; aber nicht alle.« …*
>
> *Als er ihnen die Füße gewaschen, seine Oberkleider angelegt und*

sich wieder zu Tisch gelegt hatte, sagte er zu ihnen: Versteht ihr,
was ich an euch getan habe? Ihr sagt zu mir Meister und Herr, und
mit Recht tut ihr das; denn ich bin es. Wenn nun ich, der Herr und
Meister, euch die Füße gewaschen habe, müsst auch ihr einander
die Füße waschen. Denn ich habe euch ein Beispiel gegeben,
damit auch ihr tut, wie ich an euch getan habe. Amen, amen, ich
sage euch: Der Knecht ist nicht größer als sein Herr und der Abge-
sandte nicht größer als der, der ihn gesandt hat. Wenn ihr das
wisst – selig seid ihr, wenn ihr danach handelt.
(Johannes 13,6–20; 12–17)

Jesus lädt die Jünger zu einer Beziehung ein, die auf Gegenseitigkeit beruht. Der Herr bückt sich und wäscht seinem Gefolge die
Füße, und doch ist der Diener nicht größer als der Herr. Hier
wird die Hierarchie nicht umgekehrt, sie wird abgeschafft. Jesus
will überhaupt nicht allmächtig erscheinen, denn Macht lässt der
Freundschaft keinen Raum. Jesus will aber, dass wir seine Freunde
sind, und wenn wir uns bereit erklären, ihm die Füße zu waschen,
dann nehmen wir diese Freundschaft an.

Echte Freundschaft ist etwas Verletzliches. Nachdem Jesus sein
Gewand wieder angezogen hat, zitiert er einen Vers aus Psalm 41:
»Sogar mein Freund, auf den ich vertraute, der mein Brot mit mir
aß, er hat gegen mich die Ferse erhoben.« (Psalm 41,9; vgl. Johannes 13,18)

Diese Worte sind auf Judas gemünzt. Jesus hat Judas zum
Jünger berufen, in eine Beziehung zu ihm, er hat ihn eingeladen,
das Brot mit ihm zu teilen. Aber Judas kann die Verletzlichkeit
nicht aushalten. Im Johannesevangelium wird Judas drei Mal
erwähnt. Das erste Mal im sechsten Kapitel, wenn Jesus seinen
Leib und sein Blut als Nahrung für die Jünger anbietet. Er opfert
sich ganz für andere auf, um ihnen zur Quelle des Lebens zu
werden. Viele seiner Nachfolger haben Schwierigkeiten damit,
darunter auch Judas, und Jesus bezeichnet ihn deshalb als Satan.
Zum zweiten Mal wird Judas erwähnt, als Maria Jesu Füße mit

teurem Öl salbt (Kapitel 12). Judas reagiert schockiert auf diesen Akt der Liebe und Zärtlichkeit, der die Sterblichkeit Jesu anspricht, sein Bedürfnis nach Trost. Zum dritten Mal wird Judas hier im Kapitel 13 erwähnt. Als Jesus den Jüngern die Füße wäscht, wird das Unbehagen an dem nicht allmächtigen Jesus unerträglich.

Manchmal kommt die Vorstellung auf, dass Judas als Verräter vorherbestimmt war, ein kleiner Spielstein im großen Masterplan. Ich glaube, Judas war ein Mensch, der schrecklich verletzt worden war und sich von Jesus angezogen fühlte, weil er einen starken Anführer brauchte. Jesus wollte sein Herz verändern, ihn von seiner Angst vor Schwäche und Verletzlichkeit befreien. Judas war nämlich sehr zerbrechlich. Aber die Verletzlichkeit Jesu fühlte sich für Judas zu bedrohlich an. Jesus bot ihm seine Freundschaft, ja, sich selbst an, als er das Brot mit ihm in die Schüssel tauchte. Doch in diesem Moment »fuhr der Satan in ihn [Judas]« (Johannes 13,27) und Judas wurde von seiner eigenen Angst überwältigt. Er ging unter in Furcht und Hass und verließ den Raum, um Jesus an die Herrschenden und damit dem Tod auszuliefern.

Hatten Sie jemals so große Angst, dass Sie Ihr eigenes Tun nicht mehr kontrollieren konnten? Es kann ganz klein anfangen, indem man zum Beispiel etwas Verletzendes über einen Freund sagt, weil man vor anderen nicht als Langweiler erscheinen will. Es kann auch ganz harmlos sein, indem man jemandem das Wort abschneidet, weil man sich über ihn ärgert. Oder ein Fehler, wenn man anfängt, mit Sexualität herumzuexperimentieren, weil man eine Bestätigung der eigenen Schönheit und des eigenen Wertes braucht. Wenn wir voller Verzweiflung sind, wenn wir uns nicht mehr kennen oder sehr einsam sind, bekommen wir Angst. Dann sind wir unter Umständen bereit, sehr viel aufzugeben: Freundschaften, Kommunikation, Nähe – um uns vor dem Gefühl zu schützen, ein Niemand zu sein, vor der Einsamkeit und Angst. Erst wenn wir das in uns selbst sehen, können wir uns von unseren

Zwängen befreien. Erst wenn wir den Schrei unseres eigenen Herzens erkennen, können wir auf den Schrei Gottes reagieren, der mit uns in Beziehung sein will.

Gott klopft an unsere Tür. Gott wünscht sich sehnlich, mit uns an einem Tisch zu sitzen. Gott wagt es, mit uns das Brot zu teilen, sich offen und verletzlich zu machen. Im Evangelium heißt es weiter:

> *Nach diesen Worten war Jesus in seinem Inneren erschüttert und betonte: Amen, amen, ich sage euch: Einer von euch wird mich verraten. Da sahen sich die Jünger gegenseitig an, weil sie nicht wussten, wen er meinte. Einer von seinen Jüngern lag bei Tisch an der Seite Jesu; es war der, den Jesus liebte.*
> (Johannes 13,21–23)

Freundschaftsbande lassen uns spüren, wenn jemand Angst hat und Trost braucht. Ich glaube, der Jünger, der Jesus liebte, spürte seinen Schmerz und teilte ihn. Er legte den Kopf an die Brust Jesu und konnte sein klopfendes, ängstliches Herz hören. Petrus drängt Johannes dann, Jesus zu fragen, wer der Verräter sein wird. Johannes hat aber instinktiv zunächst den Impuls, einfach seinen Kopf an die Brust Jesu zu legen, um ihn zu trösten. Wir spüren Gottes Schmerz, wenn wir Grausamkeit und Ungerechtigkeit erleben, wenn wir Menschen begegnen, die sich von der Liebe abwenden. Statt mit dem Finger zu zeigen, lädt uns Jesus ein, unseren Kopf an seine Brust zu legen. Statt diejenigen zu vernichten, die in Hass und Furcht gefangen sind, müssen wir selbst in der Liebe wachsen, um sie aufzunehmen und ihnen zu helfen, beziehungsfähig zu werden.

Wir haben schon über den zweiten Teil der Frage gesprochen: »Wie kann es sein, dass das Böse existiert?« Vielleicht können wir jetzt hinzufügen: Das Böse ist eine Zurückweisung eines Gottes, der die Liebe ist, oder einfacher noch, eine Zurückweisung von Liebe und Gerechtigkeit. Wir weisen Liebe und Gerechtigkeit und die Wahrheit unseres gemeinsamen Anteils an der Menschheit zurück, weil wir irgendwo Angst haben, ein so verletzliches Leben zu führen.

Ich brauche Hilfe, um lieben zu können. Manchmal will ich die Leute, die an meine Tür klopfen, einfach nur wegschicken, weil sie mir lästig sind. Auch in diesem Buch stellen wir immer wieder fest, wie groß unser Drang ist, uns zu schützen, Schranken aus Furcht und Hass um uns und unsere Verletzlichkeit zu errichten. Indem wir das tun, sperren wir das Geheimnis unserer Menschlichkeit ein, nämlich die Tatsache, dass wir Ganzheit nur in Freundschaft finden können, in der Erfüllung einer Beziehung, in der Freundschaft mit Gott.

So kommen wir denn zu dem Geheimnis, das Johannes in seinem ersten Brief anspricht:

> *Darin ist die Liebe Gottes unter uns erschienen, dass Gott seinen einzigen Sohn in die Welt gesandt hat, damit wir durch ihn leben. … Geliebte, wenn Gott uns so geliebt hat, müssen auch wir einander lieben. Niemand hat Gott jemals gesehen; wenn wir einander lieben, bleibt Gott in uns und seine Liebe ist in uns vollendet.*
>
> (1. Johannes 4,9.11 f.)

Gott ist vollkommen, und Gott ist Liebe, und doch gelangt die Liebe Gottes erst in uns zur Vollkommenheit. Wie der Prophet Jesaja sagt: »Wie einen seine Mutter tröstet, will ich euch trösten.« (Jesaja 66,13) Eine Mutter liebt ihr Kind voller Staunen. Ihre tiefste Sehnsucht ist nicht, ihr Kind zum Gehorsam zu bringen, sondern dass es wächst und sich entfaltet. Sie will es nicht zur Liebe zwingen, sondern sehnt sich zutiefst danach, dass ihr Kind sie aus freien Stücken liebt. Diese Liebe ist verletzlich und kann zurückgewiesen und gedemütigt werden.

> *Furcht gibt es nicht in der Liebe, sondern die vollkommene Liebe treibt die Furcht aus; denn die Furcht hat es mit Bestrafung zu*

tun; wer sich aber fürchtet, ist in der Liebe nicht vollendet. Wir wollen lieben, weil er uns zuerst geliebt hat.

(1. Johannes 4,17–19)

Vollkommene Liebe hat keinen Platz für Furcht, Hass und Böses. Unser Leben ist eine Reise zu mehr Wachstum, zur Konfrontation mit unseren Ängsten, zur Öffnung unseres Herzens für Gott. Gott klopft an unsere Tür, damit wir in der Einheit der Freundschaft seine vollkommene, furchtlose, verletzliche Liebe annehmen. Denn diese Liebe ist Gott.

Kapitel 14: Ist mit dem Tod alles aus?

Fangen wir damit an, dass wir sagen: Leben ist Veränderung. Unser Leben beginnt im Mutterleib. Dort vollzieht sich eine rasante Entwicklung – aus ein paar Zellen wachsen wir heran, bekommen Nase, Augen, Finger, Zehen. Und dann kommt es zu der dramatischen, beängstigenden Veränderung, die wir Geburt nennen. Mit dieser Veränderung wird die Entdeckung einer Welt möglich, die viel größer ist als wir. Eine Welt mit endlosen Horizonten, in der es uns schwerfällt, unseren Platz zu bestimmen. Wir haben keinen sicheren Ort mehr. Die Veränderung ist riesig, ebenso wie der Verlust, und wir erleben große Angst. Angst jedoch ist ein existenzielles Leiden. Sie ist das Leiden des Endlichen in einer unendlichen Wirklichkeit, das Leiden des Kindes, das die Grenzen seiner eigenen Haut erfährt und mit seinen Sinnen die grenzenlose Welt rundum wahrnimmt. Wer bin ich in all dem?

Bei jeder Veränderung geht etwas verloren. Wenn wir vom Milchtrinken zu fester Nahrung übergehen, verlieren wir die besondere Nähe zu unserer Mutter. Wenn wir erwachsen werden, verlieren wir die Freiheit unserer Kindheit. Wenn wir älter werden, verlieren wir Energie und körperliche Kraft, unser Gehör, unsere Brille... In vielerlei Weise ist die Bewegung des Lebens eine Bewegung hin zum Verlust. Selbst in unserem Körper sterben ständig Zellen ab.

Etty Hillesum schreibt:

Wenn ich sage, »mit dem Leben abgerechnet«, so meine ich damit: Die Möglichkeit des Todes ist mir absolut gegenwärtig; mein Leben hat dadurch eine Erweiterung erfahren, dass ich dem Tod, dem Untergang ins Auge blicke und ihn als einen Teil des Lebens akzeptiere. Man darf nicht vorzeitig einen Teil des Lebens dem Tod zum Opfer bringen, indem man sich vor ihm fürchtet und sich gegen ihn wehrt, das Widerstreben und die Angst lassen uns nur ein armselig verkümmertes Restchen Leben übrig, das man kaum noch Leben nennen kann. Es klingt fast paradox: Wenn man den Tod aus seinem Leben verdrängt, ist das Leben niemals vollständig, und indem man den Tod in sein Leben einbezieht, erweitert und bereichert man das Leben.[18]

Sehr schnell opfern wir ein Stückchen Leben, weil wir den Tod fürchten. Wir haben Angst, weil wir nicht wissen, was nach dem Tod aus uns wird. Wenn wir unsere Wirklichkeit aufspalten, repräsentieren Leben und Tod die größte Spaltung. Etty Hillesum spricht vom Tod, aber was sie sagt, gilt für jeden Verlust. Wir verlieren einen Arbeitsplatz, unsere Rolle in einer Theateraufführung, Eltern oder Großeltern, eine Freundschaft. Es gilt auch für jede Veränderung: Schulwechsel, der Auszug aus dem Elternhaus, eine neue Beziehung, eine Trennung. Immer überschreiten wir die Schwelle zwischen Damals und Jetzt, zwischen Mit und Ohne, zwischen Bekannt und Unbekannt, Endlich und Unendlich. Und in allen Fällen geht es um die Überschreitung einer Grenze. Daraus ergibt sich Trauer, die letztlich nur eine Form der Angst ist.

Richtig *leben* können wir erst, wie Etty Hillesum sagt, wenn die Realität des Todes ganz klar zu einem Teil unseres Lebens wird. Der Tod ist nicht nur eine Realität, er ist ein integraler Bestandteil des Lebens. Zerstörung ist Teil unseres Lebens. Jeder Verlust lässt uns wachsen. Aber wir können dem Tod erst ins Auge schauen, wir können unsere Ängste erst anschauen und willkommen heißen, was uns Angst macht, wenn wir erkennen, dass die ständige Bewegung des Lebens eine Bewegung des Todes mit umfasst.

Ich denke, eine unserer größten Ängste betrifft die Demütigung. Demütigung bedeutet Ablehnung durch unsere Umgebung, unsere Familie und Freunde, Menschen, die uns nahe sind und uns ein Gefühl dafür geben, wer wir sind. Demütigung führt zu tiefer Einsamkeit. Niemand will mich bei sich haben, niemand liebt mich. Wenn wir Veränderung erleben, riskieren wir Demütigung. So wie wir sind, werden wir von einer bestimmten Gruppe akzeptiert. Aber wird das auch noch der Fall sein, wenn wir uns verändern?

Wir sprechen hier von der Angst des Kindes um die Liebe seiner Mutter. Wenn das Kind heranwächst und älter wird, wenn es unabhängig handelt, fragt es sich: Werde ich noch geliebt?

Diese Furcht vor Veränderung, die tatsächlich eine Furcht vor der Angst ist, die sich aus der Veränderung ergibt, ist tief und weit verbreitet. So hat die katholische Kirche sich nur zögernd der Ökumene und der Erkenntnis geöffnet, dass wir von den Erfahrungen mit anderen Kirchen lernen und an ihnen teilhaben können. Ähnliches gilt für andere Religionen. Wenn wir uns dem Dialog mit diesen Traditionen öffnen, riskieren wir dann den Verlust unserer Identität? Vielleicht verlieren wir etwas, aber im Verlust liegt auch die Chance auf etwas Neues und eine Vertiefung der Wahrheit. Und eine Vertiefung des Glaubens ist immer ein Gewinn.

Aus dem, was wir ablehnen, entsteht neues Leben. Ich habe eine Weile in der Schweiz gelebt, in einem Ort namens Törbel, der auf 1500 Metern über dem Meeresspiegel liegt. Dort gingen die Bauern auf die Skipisten, sobald der Schnee geschmolzen war. Sie nahmen Kuhdung und strichen ihn auf den Boden, wie man Butter auf eine Scheibe Toast streicht. Das geschah mit großer Zartheit so viel Respekt, voller Vertrauen auf das neue Leben, das aus dem Dung sprießen würde. Das Wunder des Komposts ... Im Kreislauf des Lebens ist selbst der Tod nicht umsonst. Schalen und Reste, verfaultes Obst, schimmeliges Brot, alle Lebensmittelabfälle, die unserem Körper im Prozess der Verdauung keinerlei Vitamine und Energie mehr bieten können, all diese Abfälle schenken Leben. Nichts wird verschwendet. All unsere Fehler, all unsere Taten, scheinbar todbringende Erfahrungen oder Verluste helfen uns am Ende zu wachsen. Denn im Leben geht es nicht nur darum, auf dem richtigen Weg zu gehen, sondern es geht um Wachstum. Johannes vom Kreuz sagt, indem wir vom richtigen Weg abkommen, stellen wir fest, dass dies der richtige Weg ist.

Das Wunder des Komposts kann uns Vertrauen schenken, damit wir Erfahrungen ausleben, Veränderung akzeptieren, Verlust riskieren und offen werden für den Kreislauf des Lebens. Heutzutage haben wir Toiletten, wir schicken unseren Müll in großen Wagen auf die Reise. Wenn wir einen Fehler machen, wollen wir ihn ebenso fortschaffen, ihn nie wiedersehen. Am liebsten möchten wir ihn vergessen. Tatsächlich entsteht unser Wachstum aus diesen Erfahrungen. Wir machen Fehler und lernen daraus. Wir verletzen andere und erfahren das wunderbare Geschenk der Vergebung, das uns in eine tiefere Verbindung führen kann. Wenn wir Fehler begehen, wenn wir so leben, dass wir nicht wachsen können, dass kein neues Leben entsteht, dann müssen wir Vertrauen genug haben, um diesen Weg zu verlassen. Wir müssen das verdorbene Gemüse vom essbaren trennen, das Unkraut wegschneiden und darauf vertrauen, dass der Kompost den neuen Pflanzen Nährstoffe schenkt. Kompost ist wichtig fürs Wachstum. Tod ist wichtig fürs Leben.

Jesus sagt etwas ganz Ähnliches, wenn er uns vom Weizenkorn erzählt, das in die Erde fällt.

Die Stunde ist gekommen, dass der Menschensohn verherrlicht wird. Amen, amen, ich sage euch: Wenn das Weizenkorn nicht in die Erde fällt und stirbt, bleibt es allein. Wenn es aber stirbt, bringt es viele Frucht. Wer sein Leben liebt, verliert es; wer aber sein Leben in dieser Welt hasst, wird es für das ewige Leben bewahren. Wer mir dienen will, folge mir nach, und wo ich bin, dort wird auch mein Diener sein. Wenn einer mir dient, wird ihn der Vater ehren. Jetzt ist meine Seele erschüttert. Was soll ich sagen: Vater, rette mich aus dieser Stunde? Aber deshalb bin ich in diese Stunde gekommen. Vater, verherrliche deinen Namen!

(Johannes 12,23–28)

Es ist etwas Schönes und Geheimnisvolles um so ein einzelnes Samenkorn. Es ist so klein, viel zerbrechlicher als ein kleiner Stein und genauso harmlos. Aber in ihm steckt so viel Leben! Damit das Leben zum Vorschein kommt, muss das Samenkorn sich von den anderen Körnern trennen und seinen Platz an der Ähre verlassen, es fällt tief hinunter, weg von der Sonne in die kühle, feuchte Erde. Dort zerfällt es. Aber gleichzeitig wächst zart und unwiderstehlich ein Keim, wirft die Reste des Samenkorns ab und schiebt sich durch die Erde ans Sonnenlicht. Und so wird aus dem Samenkorn, das stirbt, aus diesem kleinen Keim, der sich verändert und wächst, eine reiche Ernte.

Nachdem uns Jesus dieses Bild geschenkt hat, erklärt er seine Bedeutung für unser Leben: Wer sein Leben liebt, verliert es; wer aber sein Leben in dieser Welt hasst, wird es für das ewige Leben bewahren.« In unserer Übersetzung steht zwei Mal das Wort »Leben«, im griechischen Original werden aber zwei Begriffe verwendet: *psuche* und *zoe*. *Psuche* ist die belebte Seele, die Energie, die uns in die Welt bringt. Manchmal übersetze ich den Begriff mit unseren inneren Zwängen. Gemeint sind damit alle Verhaltensweisen, die eine Leere in uns füllen, die uns beschäftigen, ohne dass viel dabei herauskommt. So wie man seinen Magen mit einer Tüte Chips füllt. Wir sind voll, aber der Hunger bleibt. *Psuche* ist Leben ohne ein Wachstum hin zur Vollkommenheit. *Zoe* ist das Wachstum hin zur Fülle des Lebens. Es ist ein Leben in der Fülle, das ewige Leben. Vielleicht könnten wir den komplizierten biblischen Satz so umschreiben, damit wir ihn besser verstehen: »Wer seine *psuche* liebt, verliert sie; wer aber die *psuche* hasst, bewahrt sie für die *zoe*.«

Wenn wir die *psuche* lieben, wenn wir nicht bereit sind, aus Routine und Gewohnheit auszubrechen, wenn wir uns an inneren Zwängen festklammern, weil wir uns vor der Unsicherheit des Verlusts fürchten, dann verlieren wir die Chance auf Fülle über das hinaus, das wir erbitten oder uns vorstellen können. Wenn wir unsere Zwänge aufgeben, sie ablehnen, öffnen wir uns einem Leben voller Kraft und Erfüllung. Das Geheimnis liegt darin, dass wir den Verlust des Vertrauten akzeptieren.

Wenn wir in der Geschichte auf Menschen schauen, die sich für den Frieden, für Liebe, Gerechtigkeit und Wahrheit eingesetzt haben, dann stellen wir fest, dass viele von ihnen wussten: Das Leben endet nicht mit dem Tod. Etty Hillesum ist eine von ihnen, Sokrates ein anderer. In seinen letzten Worten vor dem Tribunal, das ihn zum Tode verurteilte, sagte er: »Der Tod kann zweierlei sein. Entweder ist er die Vernichtung, dann haben die Toten kein Bewusstsein mehr. Oder er ist eine Veränderung, eine Wanderung der Seele von diesem Ort an einen anderen. Wenn es nun aber kein Bewusstsein gibt, sondern nur einen traumlosen Schlaf, dann ist der Tod ein wunderbarer Gewinn [denn ich liebe es, zu schlafen] ... Wenn er andererseits eine Bewegung von hier an einen anderen Ort ist ... außerhalb der Reichweite unserer sogenannten Gerechtigkeit, dann werden wir sehen, dass es dort wahre Richter gibt ... und ich würde gern dort sein.«[19] Dietrich Bonhoeffer wurde im Alter von neununddreißig Jahren durch Erhängen hingerichtet. Seine letzten Worte waren: »Das ist das Ende – für mich der Beginn des Lebens.«

Kehren wir kurz noch einmal zu dem Evangeliumstext zurück. Jesus spricht über das Weizenkorn, nachdem ihm seine Jünger mitgeteilt haben, dass einige Griechen ihn gern sprechen möchten. Dies ist ein wichtiger Augenblick, denn er zeigt, dass die Zeichen Jesu, seine Lehre und sein Zeugnis über das Volk Israel hinaus Bedeutung erlangt haben und dass seine Offenbarung als Retter der Welt bevorsteht. Es ist ein Moment der Öffnung, ein Moment des Akzeptanz des Lebenskreislaufs der sich bei Weitem seiner

Kontrolle entzieht. »Die Stunde ist gekommen«, beginnt er. Die Griechen zeigen ihm, dass sein Auftrag zur Einigung der Menschheit in Bewegung kommt. Angesichts dieser Öffnung empfindet der Mensch Jesus Angst: »Jetzt ist meine Seele erschüttert.« Aber er verweigert sich der Angst: »Was soll ich sagen: Vater, rette mich aus dieser Stunde? Aber deshalb bin ich in diese Stunde gekommen.« Leben heißt, am Abgrund stehen und keine Mauer der Furcht zu errichten, sondern auf die Bewegung des Lebens vertrauen. Wie Paulus in seinem Brief an die Epheser schreibt: Mehr als wir erbitten oder uns vorstellen können. Am Anfang des Textes sagt Jesus, nun sei die Stunde gekommen, in der der Menschensohn verherrlicht wird. Jetzt macht er deutlich, dass damit ein kompletter Identitätsverlust verbunden ist. »Vater, verherrliche deinen Namen!« Erst in der Selbstaufgabe kann neues Leben entstehen.

Im darauf folgenden Kapitel des Johannesevangeliums demonstriert Jesus dies, indem er sein Gewand auszieht und seinen Jüngern die Füße wäscht. Er gibt seine Stellung als Meister oder Lehrer auf und nimmt die Rolle des Dieners an. Diese Selbstaufgabe führt er bis zum Kreuz fort, wenn er sagt: »Es ist vollbracht«, und den Kopf neigt und stirbt (Johannes 19,30).

Die meisten von uns werden dem Tod nicht in einer so drastischen Weise begegnen. Aber wir alle werden Verluste erleben, die mit Veränderung und Entwicklung einhergehen. Streben wir dann danach, die Kontrolle zu behalten, unser vertrautes Leben festzuhalten? Oder sind wir in der Lage, Veränderung und das Risiko der Demütigung, des Leids und der Angst zu akzeptieren? Im eben zitierten Evangeliumstext sagt Jesus, dass wir Diener werden müssen, dass wir bereit sein müssen, Verlust zu akzeptieren, unser Leben aufzugeben, an einen Ort zu gehen, den wir nicht kennen. Joseph Jaworski sagt etwas Ähnliches in seinem faszinierenden Buch über Führung, das den Titel *Synchronicity* trägt. Dort heißt es noch radikaler, im Moment gäbe es eine Bewegung hin zum »dienenden Anführer«. Und wir müssten lernen, Diener des Lebens zu sein und keine Kontrolle auszuüben, sondern nach Harmonie zu streben.

Wie sehen Ihre Enttäuschungen, Ihre schlimmsten Fehler aus, über die Sie kaum zu sprechen wagen? Wann haben Sie Menschen verletzt und danach das unangenehme Pochen Ihres Gewissens gespürt? Wann waren Sie ganz und gar verloren und verwirrt? Wann wurden Sie gedemütigt und zurückgewiesen? Hat man Ihnen das Herz gebrochen? Hat man Ihre Träume zerstört? Haben Sie es gewagt, sich all dem zu stellen, oder fürchten Sie sich davor? Die Furcht soll uns Wachstumsmöglichkeiten eröffnen. Denn wenn wir unsere Furcht überwinden, werden wir den Kompost unserer Angst entdecken – und etwas ganz Neues. Der Tod ist nicht das Ende, denn aus dem größten Kompost aller Zeiten, dem Tod, wird sich neues Leben erheben.

Kapitel 15: Was passiert, wenn wir sterben?

Der Tod ist diskret. Wir finden bei einem Waldspaziergang nicht Hunderte von toten Vögeln auf dem Boden oder Haufen von dahingeschiedenen Insekten. Die Grenze zwischen dem Tod und dem daraus entspringenden neuen Leben ist sehr schmal.

Auch wenn Menschen sterben, gibt es diese Diskretion. Unsere Familie spricht bei der Trauerfeier und später noch über uns, aber es gibt so einen Punkt, da wissen Freunde nicht mehr, wie sie das Gespräch auf uns bringen sollen. Es ist, als würde ein Zimmer besenrein an den nächsten Bewohner übergeben. Vor fast dreißig Jahren war ich krank und verbrachte einige Zeit im Krankenhaus. In dieser Zeit freundete ich mich mit der Frau im Nebenzimmer an und schenkte ihr manchmal Blumen, wenn ich zu viele davon hatte. Sie war sehr nett. Aber eines Tages war sie einfach weg, während der Nacht hatte man sie weggebracht. Die Botschaft war deutlich: »Über den Tod spricht man nicht.«

In der Arche-Gemeinschaft haben wir immer wieder das Sterben erlebt. Einmal starb ein Helfer namens Felix. Wir bahrten ihn im Oratorium auf, sodass jeder, der es wollte, sich von ihm verabschieden konnte. Mehrere Männer aus der Gemeinschaft gingen zusammen hin, darunter auch Joseph, der ein Gehgestell brauchte. »Darf ich ihn küssen?«, fragte er. Sein Helfer antwortete, selbstverständlich dürfte er das. »Oh, Scheiße, ist der kalt«, lachte Joseph. »Maman wird sehr überrascht sein, wenn ich ihr erzähle, dass ich einen Toten geküsst habe.« Maman war die Leiterin des Hauses, in dem er lebte. Leise lachend gingen die Männer hinaus.

Obwohl ihm das sicher nicht bewusst war, lachte Joseph eigentlich über seine eigene Behinderung. Er lachte über die Verletzlichkeit und Machtlosigkeit, die zum Menschsein dazugehören. Und in seinem Lachen konnte er erkennen, dass der Tod uns nicht als Menschen definiert. Er sagte nicht, dass er Felix geküsst hatte, sondern sprach von »einem Toten«. Felix war viel mehr als die sterbliche Hülle, die er zurückließ, und Joseph ist viel mehr als seine Behinderung – er definiert sich nicht allein über seine Schwierigkeiten beim Gehen. Indem er den Tod als einen Teil, aber nicht als den Höhepunkt des Lebens akzeptierte, nahm er seine eigene Behinderung an. Wenn wir sterben, wenn wir etwas loslassen, von dem wir dachten, es sei lebensnotwendig, dann entdecken wir eine neue Authentizität. Wir entdecken, dass das Leben größer ist, als wir dachten.

In der Arche-Gemeinschaft haben wir eine wunderbare Feier des Lebens, bei der Menschen Erinnerungen an den Verstorbenen teilen, sich von ihm erzählen und den anderen sagen, was sie besonders vermissen werden, nachdem er nicht mehr da ist. Es ist, als würden wir ein großes Porträt der Freundschaft malen, zu dem jeder von uns etwas beiträgt. Wir lachen viel dabei, weil wir auch ganz ehrlich über lästige oder lächerliche Eigenschaften des Verstorbenen sprechen. Wir haben einen Beziehungsraum verloren, etwas von uns selbst, das sich in dieser Freundschaft offenbarte. Wenn wir diesen Raum noch einmal betrachten und dann loslassen, erleben wir einen geheimnisvollen Wachstumsprozess. Denn indem wir zusammenkommen, begegnen wir diesem Freund in einer besonders farbigen Weise, mehr als in der einzelnen Begegnung. Wir sehen unseren Freund vielleicht ein bisschen so, wie Gott ihn kennt. Das Leben wird durch den Tod nicht kleiner, es erweitert sich.

Das ist, wie wir wissen, auch auf historischer Ebene wahr. Wenn ein Mensch für die Wahrheit, für die Gerechtigkeit, für Frieden und Liebe stirbt, dann nimmt sein Leben eine neue Größe an und inspiriert Menschen auf der ganzen Welt, es ihm gleichzutun. Das ist das Geheimnis der Märtyrer. Wenn wir es sehen, wissen wir genau, dass aus unserem Sterben neues Leben entsteht.

Aber was passiert auf der anderen Seite? Ich habe darüber besonders intensiv nachgedacht, nachdem mich meine Nichte, die im Sterben lag, fragte, ob ihre Großmutter gelitten hätte, als sie starb. Ich sagte ihr, das glaubte ich nicht, sie sei ganz friedlich eingeschlafen. »Was passiert da?«, wollte sie wissen. Und so erzählte ich von eigenen Erfahrungen und Gesprächen und zitierte auch aus der Offenbarung: »Gott wird jede Träne von ihren Augen abwischen und es wird keinen Tod mehr geben; auch keine Trauer, keine Klage, keine Mühsal wird es mehr geben, denn das Frühere ist vergangen.« (Offenbarung 21,4)

Wie wir schon gesehen haben, ist Verlust ein integraler Bestandteil unseres Lebens. In unserem Leben öffnet uns der Verlust für das Neue. Wir verlieren unsere Position in der Baseballmannschaft und stellen fest, dass wir den Sport auf einer weniger leistungsbezogenen Ebene viel mehr genießen können. Wir fallen bei einer Prüfung durch, und uns wird eine Last von den Schultern genommen durch die Erkenntnis: Wir sind nicht die Schlauesten und keine Musterschüler. Aber das ändert nichts daran, wer wir sind. Indem wir eine Schwäche akzeptieren, öffnen wir uns anderen, die vielleicht mit dem Lehrstoff zu kämpfen haben. Wir erleben das Ende einer Beziehung, den Verlust von Nähe, die uns und einen anderen Menschen auf eine neue und schöne Weise offenbart hat. Das ist ein schrecklicher Bruch. Aber wenn die Zeit vergeht und Heilung möglich wird, entdecken wir vielleicht eine neue Freiheit. Vielleicht stellen wir fest, dass wir nicht nur geliebt sind, weil uns unser Partner, unsere Partnerin liebt. Wir sind ganz einfach und grundsätzlich geliebte Menschen. Es gibt viele weitere Beispiele, an denen Sie sehen können, dass unser Leben daraus besteht, dass wir fortwährend Verluste erleiden und uns öffnen. Der Tod, dieser ultimative Verlust, ist also auch eine ultimative Öffnung.

Was passiert, wenn wir sterben? Ich glaube, dass wir einschlafen und dann im Licht wieder erwachen. Dieses Licht ist so friedlich und schön, dass wir im Moment des Erwachens eine unglaubliche Freude empfinden. Ist dieses Licht Gott? Das wissen wir nicht so genau. Vielleicht ist es ein Widerschein Gottes, schließlich sind wir ja noch nicht bereit für eine Begegnung von Angesicht zu Angesicht. Aber es ist ganz klar, dass wir dort willkommen und nicht allein sind. Es fühlt sich an, als wären wir in etwas wunderbar Kuschliges eingewickelt. Es ist eine tiefe Erfahrung inneren Friedens.

Mitten in all dieser Schönheit, dieser Erleichterung und dieses Trostes taucht eine Frage auf: Was geschieht jetzt? Vielleicht, weil wir bei allem Fragen und Suchen spüren, dass in diesem Licht eine Präsenz ist. Wir sehen die Spur eines Gesichts. Es kommt zu einer Begegnung. Nicht zu einer Vereinigung, aber eine Beziehung ist doch da. Gott ist nicht nur dieses Licht, sondern eine Gegenwart, eine Person. Und plötzlich entdecke ich, dass ich von dieser Person geliebt werde.

Meine Nichte fragte mich: »Aber was, wenn ich keine Christin bin?« Ich sagte ihr: »Das spielt keine Rolle. Du hast der Einwandererfamilie in deiner Nachbarschaft geholfen, dich um sie gekümmert und sie lieb gehabt. Nur das zählt.«

Mir scheint, wenn wir wissen, dass wir so tief und schlicht geliebt werden, führt uns das zu einer großen Traurigkeit, zu Schuldgefühlen. Wie kann es sein, dass ich so geliebt werde? So oft habe ich das Leben zurückgewiesen, habe mich nicht geöffnet, habe versucht, die Kontrolle zu behalten. So oft habe ich Menschen wehgetan, ihre Schönheit nicht anerkannt, ihnen nicht das Gefühl von Frieden und Zusammengehörigkeit geschenkt, das ich jetzt empfinde. Ich habe diese Liebe nicht verdient, das kann nicht sein! Dies ist ein Moment inneren Schmerzes, eines großen Schmerzes. Die Kirche spricht in diesem Zusammenhang vom Fegefeuer, von einem reinigenden Feuer. All die Momente, in denen wir Leben zerstört haben, die Wahrheit nicht bekannt haben, einander nicht angenommen haben, all diese Momente kommen zurück. Und wir sind voller Schuldgefühl und Scham vor Gott, weil wir so hässlich waren.

Dann auf einmal kommt das Gesicht zurück, oder vielleicht schauen wir nur aus unserer Demütigung auf und sehen Gottes zärtlichen Blick, seine unglaubliche Zärtlichkeit. »Du bist kostbar in meinen Augen … und ich liebe dich.« (Jesaja 43,4) Plötzlich weiß ich, dass ich geliebt werde, so wie ich bin, in meiner ganzen Armseligkeit. Gott weiß, wie schwach ich bin, wie oft ich gescheitert bin, wie oft ich lieblos war oder die Liebe anderer zurückgewiesen habe. Und er liebt mich nicht trotz meiner Armseligkeit, sondern in meiner Armseligkeit. Mir wird vergeben. Wahrscheinlich brechen wir dann in Lachen aus. Das halten wir nicht aus, das verstehen wir nicht. Gott liebt uns einfach so, hat Freude an unserer Kleinheit und begegnet uns in unserer Schwäche und Verletzlichkeit. Alles wird auf den Kopf gestellt, nichts ist so, wie wir es erwarten. Vor der unendlichen Gnade Gottes wird aller Müll meines Lebens zum Kompost. Dies ist ein Moment großen Glücks. Ich bin glücklich, dass ich ich bin, das andere auch geliebt sind, dass ich ein kleiner Teil des großen Menschheitskörpers sein darf. Ein kleines Sandkorn am unendlichen Strand Gottes, aber so wichtig, so kostbar – so wie jedes einzelne Sandkorn kostbar ist.

Es ist ein Moment der Freiheit, wenn wir Gott als Vergebung erfahren. Was bedeutet diese Freiheit? Eine »Freiheit von«. In Gottes Gnade sind wir frei von der Schuld und dem Schmerz unserer Vergangenheit. Wir sind befreit von aller Unsicherheit über uns selbst, von dem nagenden Gefühl, dass wir Sünder sind, unwürdig, voller Hass und von allen abgelehnt. Wir sind befreit von unserer Angst, denn in Gottes Gegenwart bestätigt sich unsere tiefste Identität: Ich bin geliebt.

Es ist aber auch eine »Freiheit für«. Solange wir in Angst leben, können wir uns der Liebe nicht ganz überlassen. Immer müssen wir etwas verstecken und schützen. Aber hier gibt es kein Verstecken mehr, keinen Selbstschutz. Wir sind ganz da, in unserer Kraft und Armseligkeit, und Gott sagt uns, dass wir geliebt sind. Hier, in Gottes Gnade, sind wir frei, unsere Identität als Geliebte anzunehmen. Wir sind frei, uns ganz der Liebe zu überlassen.

Wir begreifen, dass wir Teil eines Körpers sind, vereint in all der Vielfalt unserer Menschlichkeit. Wir erfahren unser einzigartiges Geliebtsein. Dieser Körper wäre nicht vollständig ohne mich. Und auch nicht ohne Sie, wir sind alle wichtig. Wir sind frei von aller Eifersucht, frei, die Schönheit jedes Menschen anzunehmen, im Bewusstsein des Körpers als Ganzes. So verrückt ist Gottes Vergebung: Selbst diejenigen, die grausam und wertlos schienen, sind Teil dieses Körpers. Gottes Gnade ist endlos, sie vereint uns alle.

Nachdem wir uns damit abgefunden haben, wie verrückt Gottes Vergebung ist, sehnen wir uns nach Gottes Nähe, möchten ihn besser kennenlernen. Und die Sehnsucht geht einher mit Reinigung. Alles andere verschwindet. Dinge, die uns einmal definiert haben – der Wunsch, der Beste zu sein, der Drang zu gewinnen –, Dinge, die wir für absolut lebensnotwendig hielten, verschwinden im Licht dieser Beziehung zu dem einen, der uns als Geliebte kennt. Wir brennen dafür, ihm zu begegnen, ihn wirklich zu kennen. Wir sind Gott schon begegnet, wir haben Erfahrungen mit ihm gesammelt, aber wir sehnen uns nach seiner Nähe, wollen bei ihm leben, ihn ganz und gar lieben und in dieser Beziehung Erfüllung finden. Diese Sehnsucht ist schmerzhaft wie jede unerfüllte Sehnsucht. Aber es ist ein hoffnungsvoller Schmerz, denn wir sind jetzt befreit von dem Zweifel, ob wir der Gegenwart Gottes würdig sind. Wer aber ohne Zweifel ist, der hat Zuversicht. Und Sehnsucht mit Zuversicht ist Hoffnung.

Unsere Sehnsucht wird immer stärker und intensiver, bis sich plötzlich die Tür öffnet oder der Schleier weggezogen wird. Wir finden uns in den Armen Gottes wieder, mitten im Herzen des Einen, der uns liebt und den wir lieben. Jede Trennung ist überwunden. Das Endliche wird unendlich, das Ende wird zur Ewigkeit. Wir werden eins mit dem Einen, der die Liebe ist, und in dieser Einheit entdecken wir Anfang und Ende aller Dinge und die Fruchtlosigkeit all unserer Schwäche. Wir sind keine Zuschauer mehr, sondern Teilnehmer der Unendlichkeit. Unser Leben fließt aus uns hinaus in einen wunderbaren Brunnen der Einheit, der das Leben in Fülle gibt und empfängt.

Kapitel 16: Warum sind wir hier?

Johannes schreibt in seinem ersten Brief: »Geliebte, wir wollen einander lieben; denn die Liebe ist aus Gott und jeder, der liebt, stammt von Gott und erkennt Gott.« (1. Johannes 4,7)

So wie Gott unsere tiefste Identität offenbar macht, so offenbaren wir in unserer liebenden Gegenwart einander. Wir leben in Beziehung, und erst ein Leben in Gemeinschaft ist ein Leben in Fülle.

Was aber ist Gemeinschaft? Werfen wir einen Blick auf unsere erste Erfahrung mit dem Leben in einer Gruppe: der Erfahrung von Familie. Eine Familie ist eine Gemeinschaft, wir sind untereinander durch Blutsbande verbunden. Vielleicht haben wir auch einen gemeinsamen Blick auf die Welt, aber gleichzeitig sucht jeder auch seinen eigenen Weg. Eine Familie öffnet sich, wenn die Kinder aus dem Haus gehen und die Eltern älter werden, wenn Enkel zur Welt kommen. Eine Familie ist also eine sehr spezielle Art der Gruppe, die sich in einigen Punkten von einer Gemeinschaft unterscheidet.

Unsere nächste Erfahrung könnte ein enger Freundeskreis sein. Wenn wir die ersten Schritte außerhalb unserer Familie machen, entstehen Freundschaften mit Menschen, die uns anziehen und die etwas mit uns gemeinsam haben. Wir teilen Interessen, ein Studienfach, haben gemeinsame Leidenschaften und teilen vielleicht sogar unseren Zorn. Irgendwo sind wir gleich, und wir haben das Gefühl, es ist schön, zusammen zu sein. Ähnlich ist es auch, als die Jünger Jesu zusammenkommen. Petrus und sein

Bruder Andreas, Jakobus und sein Bruder Johannes, Philippus, der dann noch seinen Freund Nathanael mitbringt – die ersten Jünger hatten einiges gemeinsam. Sie waren eine Gruppe von Freunden.

Außerdem hatten sie einen gemeinsamen Auftrag: die Nachfolge Jesu. Ähnlich könnte ein Freundeskreis feststellen, dass die Leidenschaften, der Zorn und die Interessen eine gemeinsame Vision ergeben, den Wunsch, die Welt zu verändern oder zu befreien, zu zeigen, dass es möglich ist, wahrhaftiger, liebevoller, gerechter zu leben. Irgendwann schließen sich vielleicht Menschen diesem Kreis an, mit denen wir nie gerechnet hätten, weil sie unsere Vision, unseren Traum von einem neuen Leben teilen. So wird auch der Jüngerkreis vielfältiger. Matthäus kommt hinzu, der ein Zöllner gewesen ist. Thomas, Simon, der zu den Zeloten gehörte – und eben auch Judas Ischariot. Die Gruppe entwickelt sich. Sie sind nicht mehr einfach ein Freundeskreis.

Was beobachten wir da? Eine Gemeinschaft ist mehr als eine Gruppe von engen Freunden. Es passiert etwas, wenn wir Menschen einladen, die anders sind als wir, aber unsere Sehnsucht teilen. Die Jünger waren sehr verschieden, aber sie bildeten eine Einheit, weil jeder auf seine Weise den Ruf Jesu beantwortete.

Wir könnten sagen, eine Gemeinschaft wird durch Liebe zusammengeführt, geboren aus der Sehnsucht nach einem gemeinsamen Auftrag. Die Jünger entdecken, dass sie an Jesus gebunden sind, und daraus ergibt sich auch unter ihnen eine Bindung, die auf Liebe beruht. Wir haben es also mit zwei grundlegenden Aspekten zu tun: Liebe und Auftrag. Und beides zusammen gibt uns einen Grund, warum wir hier sind.

Auftrag

Lassen Sie uns zuerst den Auftrag betrachten. Es gibt viele Arten von Aufträgen. Denken Sie an die Gemeinschaften, zu denen Sie gehören: Was ist Ihr Auftrag? Eine Schulgemeinschaft hat den Auftrag, junge Menschen auszubilden und zu erziehen. Eine Künstlergemeinschaft, beispielsweise eine Theatergruppe oder ein Chor, hat den Auftrag, Aufführungen zu erschaffen, die schön sind und/oder zum Nachdenken anregen, die Herzen und Köpfe ansprechen. Eine andere Gemeinschaft hat vielleicht den Auftrag, den Armen zu dienen, für den Frieden zu arbeiten, sich für die Menschenrechte oder den Umweltschutz einzusetzen. Eine Gemeinschaft kann auch den Auftrag haben, in der Welt zu beten und stellvertretend für die gesamte Menschheit eine stille Nähe zu Gott aufrechtzuerhalten. Wichtig ist nur, dass der Auftrag etwas mit der Offenbarung von Wahrheit zu tun hat. Es gibt viele Arten von Aufträgen, weil die Wahrheit so viele Facetten hat und auf so vielfältige Weise offenbart werden kann.

Manche Unternehmen wären gern so etwas wie Gemeinschaften. Natürlich ist es gut für die Arbeit, wenn die Mitarbeiter Leidenschaft für das empfinden, was sie tun, und für die Menschen, mit denen sie zusammenarbeiten. Daraus ergibt sich die Bereitschaft, sich mehr zu engagieren als für einen schlichten Job. Aber ich frage mich, ob eine Ölfirma, deren Auftrag in der Profitmaximierung und in der Förderung eines sehr umweltschädlichen Rohstoffs besteht, jemals zu einer Gemeinschaft werden kann. Sobald Profit eine Rolle spielt, kommen wir vom Weg der Wahrheit ab, und das verhindert das Gedeihen echter Gemeinschaft.

Wir brauchen eine Klarheit des Auftrags, um die Einheit zu erhalten, eine ständige Formulierung der Wahrheit, die uns zusammengebracht hat. Manchmal führt das zu schwierigen Situationen. In den ersten Jahren der Arche-Gemeinschaft nahm ich einmal einen Obdachlosen im Auto mit. Er hieß Gabriel und brauchte für eine Weile eine Wohnmöglichkeit, also nahm ich ihn mit zu uns. Am Anfang ging das gut, aber bald kam es zu Konflikten mit Raphael und Philipp, den beiden geistig behinderten Männern, mit denen ich zusammenlebte. Da wurde mir klar, dass ich eine Entscheidung treffen musste. Entweder war die

Arche ein Zuhause für jeden, der einen Platz brauchte. Oder sie war ein Zuhause für Menschen mit geistigen Behinderungen. Ich musste Gabriel bitten zu gehen.

So etwas kann sehr schmerzhaft sein. Wäre Gabriel zu uns gekommen, um mit Raphael und Philipp zusammenzuleben, dann wäre es gar kein Problem gewesen, unsere Gemeinschaften haben Platz für so viele verschiedene Menschen. Aber unsere Verschiedenheit wird zusammengeführt durch unseren tiefen Respekt für Menschen mit Behinderungen und unsere Hingabe an die Wahrheit, dass sie etwas Wichtiges in diese Welt bringen. Heute gibt es Arche-Gemeinschaften in fünfunddreißig Ländern weltweit! Ein Auftrag, der in der Wahrheit verwurzelt ist, kann sehr verschiedene Menschen vereinen. Der Grund liegt darin, dass die Wahrheit in uns einen Widerhall findet, so wie der Ruf Jesu in jedem seiner Jünger einen Widerhall fand. Es geht nicht darum, gleich zu werden. Es geht darum, unseren ureigenen Auftrag zu vertiefen, der uns zur Entdeckung einer grundlegenden Einheit in unserer Menschlichkeit führt. Einheit hat etwas mit Freiheit zu tun, weil wir jeder für sich in der Wahrheit leben und weil, wie Jesus sagt, die Wahrheit uns frei macht (vgl. Johannes 8,32).

Autorität

Die Verwurzelung in der Wahrheit ist eine der entscheidenden Eigenschaften von Autorität in Gemeinschaften. In einer Gemeinschaft, die unklar in ihrem Auftrag ist, in der viele Konflikte, Unterdrückung und Aufruhr herrschen, werden Furcht und Ehrgeiz von Wahrheit und Liebe verdrängt. Autorität dient dem friedlichen Zusammenleben.

Woran denken Sie als Erstes, wenn Sie an Autorität denken? Oft geht es dabei um Gehorsam, um Zwang und Erwartungen. Wenn wir an Autorität denken, kommen uns Lehrer, Eltern, die

Regierung, Vorgesetzte am Arbeitsplatz, Polizisten oder Richter in den Sinn. Automatisch verbinden wir Autorität mit Stärke und Macht. Es scheint um strukturelle Zwänge und Normen zu gehen.

Aber Autorität gründet sich vor allem auf Wahrheit. Es geht darum, Menschen auf den rechten Weg zu helfen, auf ihr Gewissen zu hören, ihnen ein Gefühl von »ich bin« zu geben und ihnen zu zeigen, wie schön sie sind. Autorität ist dem Wachstum verpflichtet.

Wir kennen Autorität aus anderen Arten von Gemeinschaften, auch wenn wir noch nicht ausdrücklich darüber gesprochen haben. In der Schule übt der Lehrer Autorität aus, der seine Schüler mit Respekt und Fürsorglichkeit behandelt, ihnen zuhört und ihnen hilft, ihren Intuitionen und ihrer Neugier zu vertrauen. Er hilft Kindern zu sehen, dass sie wichtig und kostbar sind. In einer Familie übernehmen die Eltern diese Rolle. Sie helfen ihren Kindern, ihre Einzigartigkeit zu entdecken. Sie sind anders als andere und geliebt in dieser Einzigartigkeit. Eltern müssen ihren Kindern helfen, ihr persönliches Gewissen zu entdecken. Das heißt auch, sie müssen sie nach ihrer Meinung fragen und ernsthaft zuhören, sie dürfen sie nicht lächerlich machen oder ihnen ständig widersprechen. Aber wo nötig, müssen sie die richtigen Fragen stellen, die zu Wahrheit und Liebe führen.

Eine Mutter aus meinem Bekanntenkreis erzählte mir, ihre Tochter hätte in der Schule gelernt, wie gefährlich es ist, Zigaretten zu rauchen. Als sie nach Hause kam, sprach sie ihre Mutter besorgt darauf an: »Ich möchte, dass du mit dem Rauchen aufhörst, Mama. Es ist nicht gut für dich, ich will nicht, dass du krank wirst.« Statt sich irgendwelche Entschuldigungen auszudenken oder ihrer Tochter die Sorge auszureden, hörte die Frau mit dem Rauchen auf. »Mir wurde klar, dass ich sonst nicht von ihr erwarten kann, dass sie später einmal auf meinen Rat und meine Sorgen hört, sollte sie jemals anfangen zu trinken oder Drogen zu nehmen.«

Autorität beruht auf Gegenseitigkeit insofern, als wir alle Menschen sind. Wir haben ein Gewissen, Gott lebt in uns. Jeder von uns hat die Fähigkeit zu wissen, was richtig und falsch ist. Autorität ist ein gegenseitiger Dienst, es geht darum, dem eigenen Gewissen treu zu bleiben und in der Wahrheit zu wachsen. Es geht darum, anderen zu helfen, damit sie aufwachen und ihre Fähigkeit ausbauen, Männer und Frauen mit einem starken Gewissen zu werden. Darüber haben wir schon in einem früheren Kapitel gesprochen. Autorität kann nur gelebt werden, wenn wir Menschen lieben, wenn wir uns wünschen, dass sie in ihre einzigartige Schönheit hineinwachsen und sie selbst werden.

Bei einem Gespräch mit einer Gruppe junger Erwachsener, die mit Drogen zu tun gehabt hatten, fragte ich sie, warum sie seinerzeit damit angefangen hatten. Ich wollte wissen, was sie erlebt hatten. »Wie war die Reaktion Ihrer Eltern?« Einer antwortete: »Sie waren außer sich vor Zorn.« Und die Reaktion auf diesen Zorn? »Monsieur«, sagte er zu mir mit einem wütenden, trotzigen Blick, »mein Vater ist Alkoholiker.« Welches Recht hatte dieser Vater, das Verhalten seines Sohnes zu kritisieren oder infrage zu stellen, wenn er sich selbst nicht unter Kontrolle hatte? Um Autorität zu leben, müssen wir der Wahrheit treu bleiben. Das heißt nicht, dass dieser Vater seinem Sohn erst dann hätte helfen können, wenn er selbst trocken gewesen wäre. Ich frage mich, was passiert wäre, wenn der Vater offen über seine eigenen Kämpfe gesprochen und gesagt hätte: »Mein Sohn, schau mich an. Ich bin in einem Teufelskreis der Sucht gefangen, die die Kontrolle über mein Leben übernommen hat. Ich liebe dich und will nicht, dass du so wirst wie ich.« Denn genau das war ja vermutlich hinter dem Zorn und der Ablehnung des Vaters verborgen. Wer Autorität leben will, muss die eigene Verletzlichkeit annehmen und in der Wahrheit leben.

In einer Gemeinschaft gibt es immer Menschen mit Autorität. Die Gemeinschaft hat einen Leiter, und ein Führungskreis rund um den Leiter beschließt über Gesetze und Strukturen, die jedem

Mitglied helfen sollen, den Auftrag der Gemeinschaft zu erfüllen. Das kann die Tagesstruktur betreffen, sodass es genug Zeit für Arbeit, Ruhe und Mahlzeiten gibt, oder die Verteilung von Aufgaben und Verantwortlichkeiten. Es kann auch Verhaltensregeln betreffen, die angemessene Art zu sprechen und so weiter. Gebote dieser Art helfen Menschen, ihr Verständnis und ihr Engagement für den Auftrag zu vertiefen.

Es kann manchmal schwerfallen, das zu akzeptieren. Wenn wir jung sind und die ganze Welt infrage stellen, können wir kaum glauben, dass Gebote und Gesetze uns der Wahrheit näher bringen. Kirchen haben viele Gebote, zum Beispiel über die Teilnahme an der Kommunion, Ehe und Ehescheidung, sexuelle Beziehungen oder die Liturgie. Manchmal kommen uns diese Gebote und Regeln zu restriktiv vor und überfordern uns. Aber es gehört zum Leben in einer Kirche wie in jeder anderen Gemeinschaft, dass wir Disziplin und Gehorsam lernen. Wir sollen werden wie die Jünger, wir sollen Nachfolge wagen und darauf vertrauen, dass sich die Bedeutung eines Gebots irgendwann erschließen wird, selbst wenn wir sie jetzt noch nicht erkennen. Jesus sagt zu Petrus: »Was ich tue, verstehst du jetzt nicht; aber später wirst du es begreifen.« (Johannes 13,6) Wir sollen seinem Beispiel folgen: »Wenn nun ich, der Herr und Meister, euch die Füße gewaschen habe, müsst auch ihr einander die Füße waschen ... Ein neues Gebot gebe ich euch: Liebt einander! Wie ich euch geliebt habe, so sollt auch ihr einander lieben.« (Johannes 13,14.34) Wir sollen unseren Körper stärken, unseren Geist und unsere Fähigkeiten entwickeln.

Das klingt nach einem Widerspruch, schließlich haben wir schon so viel über Verletzlichkeit und die Annahme unserer Schwäche gesprochen. Aber Disziplin hilft uns, mit Schwäche und Verletzlichkeit zu leben, unsere Menschlichkeit zu leben, und das ohne Furcht. Menschen in gewaltlosen Bewegungen müssen sich lange Zeit darin üben, ihre Herzen zu entwaffnen, sich von allen Ängsten zu befreien, die sie dazu verführen könnten, zurückzuschlagen. In dem Wort »Gehorsam« steckt das Zuhören. Wie bei einer Fußballmannschaft, die auf ihren Trainer hört, wenn er ihnen die Anweisung gibt, Runden um den Platz zu laufen oder in den Kraftraum zu gehen. Das alles macht keinen Spaß, führt aber zu mehr Möglichkeiten auf dem Spielfeld. Wir hören vielleicht auch auf Eltern und Freunde, die uns raten, nicht zu rauchen. Wir waren noch nie an Krebs erkrankt, es fällt uns also schwer, ganz zu verstehen, warum dieses Gebot existiert. Aber irgendwann werden wir erkennen, wie klug es ist. Wenn wir Regeln unterworfen werden, tun wir gut daran, Fragen zu stellen, um ihre innere Wahrhaftigkeit zu überprüfen. Aber wir müssen auch bedenken, dass sie von klugen Leuten aufgestellt wurden. Die Gebote der Kirche haben eine lange Entwicklungszeit von Hunderten, gar Tausenden von Jahren hinter sich und sind gemacht worden, um uns in eine tiefere Beziehung zu Gott hineinzuführen.

Der Vatikan hält Versammlungen ab, bei denen Kardinäle und Laien zusammenkommen, kluge Leute, die über die Bedeutung und Funktion dieser Gesetze in der heutigen Welt diskutieren. Wie soll sich ein Mann verhalten, der Aids hat? Soll er ein Kondom benutzen? Wie gehen wir mit treuen, frommen Männern und Frauen um, die sich wegen ihrer sexuellen Orientierung von der Kirche abgelehnt fühlen? Wie kann die Kirche Menschen ansprechen, die eine Scheidung hinter sich haben? All dies sind schwierige und wichtige Themen.

Wenn Gebote infrage gestellt werden, gibt es immer Leute, die sich verschließen und noch konservativer werden, die an Traditionen festhalten, weil sie befürchten, die Identität der Kirche sei in Gefahr. Andere fordern eine Veränderung der Gesetze, um alle möglichen Ausnahmen mit aufzunehmen. Weder die eine noch die andere Reaktion ist besonders förderlich für die Einheit, die die Kirche anstrebt. Wer an Strukturen so festhält, dass sie für die Menschen in der Kirche nicht mehr relevant sind, verschließt sich der Realität. Andererseits können Ausnahmen nicht einfach deshalb zur Regel gemacht werden, weil sie Ausnahmen sind, also nur auf sehr spezielle Fälle zutreffen. Wir brauchen klare Gesetze, um zu entscheiden, ob wir Abweichungen akzeptieren können oder nicht.

Die einzige Möglichkeit, die verschiedenen Extreme zusammenzuführen, liegt in der Rückkehr zu der Wahrheit, die uns vereint: dass Jesus auf die Erde kam, um uns leibhaftig die überfließende Liebe Gottes für Sein Volk vor Augen zu führen. Deshalb ist es weise, sich den Dingen schrittweise zu nähern und Menschen zu zeigen, dass die Gesetze, die über Tausende von Jahren entwickelt wurden, nicht dazu gemacht sind, ihre Beziehung zu Jesus einzuschränken, sondern um sie zu ermutigen und Wachstum zu ermöglichen. So sollte die Kirche Autorität leben: nicht durch Zwang, sondern durch Fragen. Oder anders gesagt: durch Begleitung. Wenn wir jung sind, brauchen wir die Begleitung durch Menschen, denen wir und unsere Zukunft am Herzen liegen. Leider sehen sich viele Menschen nicht in der Lage oder würdig, andere zu begleiten. Dabei ist es oft ganz einfach, es geht nur darum, zu vertrauen und die Gegenwart Jesu in jedem Menschen zu bezeugen. Wir sollen anderen helfen, das selbst zu entdecken.

Letztlich läuft alles auf die Art von Autorität hinaus, die Jesus vorlebt: die Autorität der Liebe.

In einer unserer Gemeinschaften in Kanada lebte eine junge Frau. Wie so viele, die zu uns kommen, hatte sie vorher nie in einer Gemeinschaft gelebt, und sie verfügte auch nicht über viel Erfahrung mit behinderten Menschen. Sie war eine großartige Helferin und kam mit allem im Haus gut aus. Sie suchte nach echten Beziehungen, statt nur zu helfen, und sie war eine wunderbare Quelle des Lebens. Auch ihr eigenes Wachstum profitierte von dieser Zeit. Nach etwa vier Monaten wurde sie unerwartet schwanger. Da sie noch sehr jung war und ihr ganzes Studium oder der Eintritt ins Berufsleben noch vor ihr lag, fühlten sie und ihr Freund sich noch nicht bereit für eine Familie. Aber ich denke, sie war selbst überrascht, wie schwer ihr die Entscheidung für eine Abtreibung fiel. Sie war nicht religiös erzogen, sodass man hätte meinen können, die Entfernung von ein paar Zellen aus ihrem Körper wäre kein großes Problem. Aber als es so weit war, wurde ihr schmerzhaft klar, dass sie ein geheimnisvolles, wenn auch unerwartetes Geschenk zurückwies: das Leben. Zweifellos ist Abtreibung etwas Böses. Aber war diese junge Frau böse? Und ihr Freund? Es wäre zu leicht, die beiden vorschnell zu verurteilen.

Das erinnert mich an das achte Kapitel des Johannesevangeliums. Da geht es um eine Frau, die Ehebruch begangen hat. Die Pharisäer und Schriftgelehrten stellen sie in ihre Mitte und fordern Jesus heraus: »Meister, diese Frau wurde auf frischer Tat beim Ehebruch ertappt. Das Gesetz des Mose sieht dafür die Steinigung als Strafe vor. Was sagst du?« Eine schreckliche Entscheidung. Wenn Jesus dem Gesetz zustimmt, wird die Frau getötet. Wenn er sich gegen Gewalt ausspricht, haben die Pharisäer einen Grund mehr, ihn anzuklagen. Jesus antwortet zunächst einmal gar nicht. Er hockt sich hin und kritzelt etwas auf die Erde. Doch die Männer bestehen auf einer Antwort, und so erhebt er sich und sagt ganz einfach: »Wer unter euch ohne Sünde ist, soll den ersten Stein auf sie werfen.« Dann hockt er sich wieder hin und kritzelt weiter im Staub. Und sie gehen weg, einer nach dem anderen, die Ältesten zuerst, bis Jesus irgendwann mit der Frau allein ist. Da blickt er auf und sagt zu ihr: »Wo sind sie alle? Hat dich niemand verurteilt?« Sie antwortet: »Niemand, Herr.« Und er sagt: »Dann verurteile ich dich auch nicht. Geh und sündige nicht mehr.« (vgl. Johannes 8,3–11)

Autorität heißt, kompromisslos auf der Seite des Lebens zu stehen, auf der Seite von Wahrheit und Liebe, Gerechtigkeit und Freiheit. Und andere dazu aufzufordern, dasselbe zu tun. Jesus bittet die Schriftgelehrten und Pharisäer, auf ihr eigenes Gewissen zu hören und sich an der Wahrheit zu orientieren. Er hilft ihnen, sich aus dem Kreislauf des Todes zu befreien, den sie selbst in Gang gesetzt haben. Und dann wendet er sich der Frau zu und tut dasselbe, bestätigt ihr, dass es in ihr eine Fähigkeit gibt, wahrhaftig und ohne Sünde zu leben. Er hilft ihr, in die Fülle ihrer eigenen Menschlichkeit und Freiheit hineinzuwachsen.

In der Arche-Gemeinschaft wollten wir die junge Helferin nicht verurteilen. Stattdessen war uns klar, dass wir in ihr auf tausend Wegen die Erkenntnis stärken mussten, dass sie ein geliebtes Kind Gottes ist. Wenn wir das nicht getan hätten, wären zwei Leben zerstört worden, das ihres Kindes und ihr eigenes. Sie wäre von Schuld und Scham überwältigt worden. Wir leben Autorität, wenn wir erkennen, dass wir in uns die Fähigkeit tragen, die Angst der Menschen um uns herum durch die Kraft unserer liebenden Gegenwart zu heilen.

Wahrheit, die sich durch den Auftrag und die Eigenschaft der Liebe offenbart, ist eine Grundlage jeder Gemeinschaft. Wir leben Autorität, indem wir diese Werte verkörpern, eine Präsenz von Wahrheit und Liebe schaffen und anderen Raum zum Wachsen geben.

Liebe

Eine Gemeinschaft kann aus der Einheit ihres Auftrags oder aus der Einheit der Liebe erwachsen. Das heißt, eine Gruppe von Freunden kann feststellen, dass sie allein durch ihr Zusammensein die Welt ein wenig verändert. Eine Gruppe kann aber auch zu einem festen Zweck zusammenkommen und dann mit der Zeit feststellen, dass ihre Mitglieder sich gern treffen, dass sie sich auf die Treffen freuen und es genießen, Zeit miteinander zu verbringen. Eine Gemeinschaft wird durch ihren Auftrag und durch die Qualität der Liebe zusammengehalten.

Liebe heißt, sich um den anderen zu kümmern. In einer Fußballmannschaft oder einer Theatergruppe kümmern sich die Mitglieder vielleicht gar nicht so sehr umeinander. Sie genießen es, zusammen zu spielen, sie respektieren das Talent der anderen, aber nach dem Spiel gehen sie getrennte Wege. Menschen, die durch einen Auftrag zusammenkommen, können zu einer Gemeinschaft werden, sobald sie erkennen, wie viel Leben entsteht, wenn sie sich umeinander kümmern, wenn Liebe zwischen ihnen herrscht. Wir haben schon über das Wesen der Liebe gesprochen. Geduld und Freundlichkeit sind dazu nötig, dass wir nicht eifersüchtig aufeinander sind und jeden als wichtigen und einzigartigen Teil unserer Gemeinschaft schätzen. Wir leben nicht im Wettstreit miteinander, sondern in Wahrhaftigkeit. Die Qualität der Liebe in einer Gemeinschaft zeigt sich im Alltag. Es geht darum, den anderen zu fragen, wie es ihm geht, und es auch wirklich wissen zu wollen. Es geht darum, den anderen zu vermissen, wenn er nicht da ist. Die Qualität unserer Liebe zeigt sich an der Art, wie wir uns bei Tisch ansehen, wie wir beim Abwaschen lachen, wie wir es genießen, dass jeder in sein schönes, einzigartiges Selbst hineinwächst.

Wenn wir in Gemeinschaft leben, stellen wir fest, dass Auftrag und Liebe sich überlappen. Uns wird klar, dass unser Auftrag auch darin besteht, der Welt zu zeigen, dass sehr verschiedene Menschen glücklich zusammenleben können. Die Arche ist ein gutes Beispiel dafür. Unser Auftrag ist es, auf die besonderen Gaben von Menschen mit geistigen Behinderungen aufmerksam zu machen, die wir als für beide Seiten bereichernd und prägend erfahren. Wir wollen eine Umgebung schaffen, die auf die sich wandelnden Bedürfnisse unserer Mitglieder eingeht, und dabei den Kernwerten unseres Gründungsauftrags treu bleiben. Wir engagieren uns in verschiedenen Kulturen, und unsere Arbeit hat das Ziel, eine menschlichere Gesellschaft zu schaffen.[20]

Die Wahrheit, um die es hier geht, lautet: Menschen mit geistigen Behinderungen haben eine besondere Gabe, Menschen zusammenzubringen. Sie laden uns zu einer Reise menschlicher Verwandlung ein, wenn wir mit ihnen in Beziehung treten. In einer Gemeinschaft steht hinter diesem Auftrag der Wunsch, Leben möglich zu machen. Deshalb gehört es mit zu unserem

Auftrag, füreinander zu sorgen, in Beziehung zueinander zu treten. Wenn wir nur dazu da wären, auf kompetente Weise für Nahrung und Behausung zu sorgen, dann hätte unsere Lebensform nichts Besonderes an sich. Deshalb gehört es zu unserem Auftrag, einander zu lieben und zu zeigen, dass Menschen, die so verschieden sind, glücklich und friedlich miteinander leben und in der Liebe und Menschlichkeit wachsen können. Ob es um Bildung oder Wohltätigkeit, Umweltschutz oder humanitäre Ziele geht (all das hängt natürlich eng zusammen): Gemeinschaft vermittelt eine Botschaft der Schönheit und des Werts jedes einzelnen Menschen. Und sie sagt uns, dass Frieden möglich ist.

Wir können also sagen, eine Gemeinschaft ist eine Gruppe von Menschen, die zusammengeführt werden durch die Sorge füreinander und umeinander, durch ihren gemeinsamen Auftrag, durch Liebe und Wahrhaftigkeit. Wir können sehen, dass jeder von uns da ist, weil er in irgendeiner Weise, seinem Gewissen folgend, die Einheit in der Verschiedenheit entdeckt hat. Und dieses Gewissen führt uns zu Wahrhaftigkeit, Liebe, Gerechtigkeit und Frieden. Jeder von uns hat einen Ruf gehört, genau wie die Jünger.

Wir sollten uns allerdings auch nicht von allzu idealistischen Vorstellungen davontragen lassen. Das Leben in einer Gemeinschaft ist nicht leicht. Je näher wir einander sind, desto dramatischer wird der kleinste Ärger und desto lästiger das Verhalten der anderen. Unsere Ängste steigen an die Oberfläche. Wir entwickeln Konkurrenzdenken oder Zorn, schützen uns oder werden eifersüchtig. Das Leben in Gemeinschaft kann uns helfen, Mauern der Angst und des Hasses zu entdecken, von denen wir nichts wussten. All das ist eine Herausforderung, aber auch eine Einladung, ein Anklopfen. Denn wenn wir unseren Ängsten ins Gesicht sehen, lernen wir den Umgang mit der Wirklichkeit unserer menschlichen Angst. Und wenn wir unser Herz von Furcht und Hass befreien, öffnen wir uns der größeren Liebe. Wir lernen, unser Geliebtsein anzunehmen, und wir lernen, wie Jesus uns auffordert, unsere Feinde zu lieben. Gemeinschaft ist eine

Schule des Herzens, eine Einladung zum Frieden, in der wir vollständiger werden, offener für Verschiedenheit, liebevoller.

Wachstum beginnt mit den Konflikten und Spannungen, die entstehen, wenn wir zusammenleben. Die Jünger Jesu streiten sich, wer von ihnen im Reich Gottes der Größte sein wird. »Da rief Jesus ein Kind herbei, stellte es in ihre Mitte und sagte: Amen, ich sage euch, wenn ihr nicht umkehrt und werdet wie die Kinder, könnt ihr nicht in das Himmelreich kommen. Wer sich so klein macht wie dieses Kind, der ist der Größte im Himmelreich.« (Matthäus 18,1–4) Jesus sagt damit: Die Rolle der Gemeinschaft besteht darin, uns zu helfen, zu werden wie Kinder, unsere Kleinheit und Verletzlichkeit zu akzeptieren, so zu werden wie Jesus selbst. »Und wer ein solches Kind in meinem Namen aufnimmt, der nimmt mich auf … Wenn dich deine Hand oder dein Fuß zum Bösen verführt, so hau ihn ab und wirf ihn von dir! … Seht zu, dass ihr nicht einen von diesen Kleinen verachtet.« (Matthäus 18,5; 8;10) Hier zeigt sich die Rolle der Schwächsten in unseren Gemeinschaften, der Kinder, der Menschen am Rande, die allzu leicht vernachlässigt oder unterdrückt werden. Sie können nicht mithalten, sie werden nie die Besten sein. Wenn wir uns auf eine Beziehung zu ihnen einlassen, wenn wir Versöhnung suchen, dann finden wir Frieden von dem Konkurrenzdenken, das in gesellschaftlichen Gruppierungen so leicht aufkommt.

Fast noch wichtiger ist aber, dass Jesus sagt: In jedem von uns lebt ein solches kleines Kind, es ist die Gegenwart des verletzlichen Gottes, der an die Tür unseres Herzens klopft. Die Herausforderung liegt darin, in uns selbst diese Gegenwart aufzunehmen und nicht zu beleidigen, sondern unser Herz frei zu machen von Hass und Furcht, die uns verschließen und die leise innere Stimme übertönen. Wir müssen den Kleinen in unserer Gemeinschaft treu bleiben, ebenso wie dem Kleinen in unserem Herzen, das uns zur Liebe ruft.

Vergebung

Wachstum in der Liebe bedeutet, zu einer Vision der Einheit hin zu wachsen. Tatsache ist, dass es in Gemeinschaften viele Brüche gibt. Denn unsere Wirklichkeit ist geteilt. Die Jünger zeigen, wie es ist, wenn wir anfangen, uns zu vergleichen. Vielleicht entstehen Vorlieben, oder wir meiden einander um jeden Preis. Wir klagen die anderen an, den Auftrag zu verraten, es entsteht Uneinigkeit über Regeln und die Art, wie sie befolgt werden. Manchmal werden die Spannungen so stark, dass wir uns trennen müssen. Das ist in der Geschichte der Kirche schon oft passiert, ebenso in Ordensgemeinschaften, politischen Parteien und Musikgruppen (denken Sie an die Beatles). Manchmal vollzieht sich die Trennung auf ganz natürliche Weise und beide Gruppen finden ein neues Leben und etwas mehr Freiraum. Allmählich ergibt sich daraus eine neue Art von Beziehung. In anderen Fällen können Spannungen dazu führen, dass wir uns gegenseitig wehtun, etwas Grausames sagen oder sogar zu körperlicher Gewalt greifen, um unsere Lebensweise durchzusetzen und etwas gegen Unterdrückung zu tun. Dafür gibt es ganz nichtige Beispiele. Ein Mann in meiner Gemeinschaft findet es unerträglich, dass eine Frau aus seiner Wohngruppe immer so lange braucht, um ihre Serviette wegzulegen, sich aber auch nicht helfen lässt. Gelegentlich frustriert ihn das so sehr, dass er sie ihr wegschnappt, woraufhin sie wütend aufkreischt. Die Beziehung zwischen den beiden ist dann sehr belastet. Er muss ihr die Hand zur Versöhnung hinstrecken, und sie muss sie annehmen.

Es gibt aber auch dramatischere Beispiele: Der Konflikt zwischen Israel und den Palästinensern ist eins der entsetzlichsten Beispiele für einen Mangel an Bereitschaft zur Versöhnung. Seit Jahrzehnten gibt es Gewalt zwischen den beiden Gruppen, jeder denkt, er könne den anderen irgendwann in die Flucht schlagen oder besiegen. Dabei hat Gott doch die Vision, dass die ganze Menschheit sich zusammenfindet. Vielleicht genießen einige

Menschen Gewalt, aber die große Mehrheit von uns lebt nicht gern in einer Konfliktsituation. Wir sind des Krieges müde und wollen viel lieber in Frieden leben, als Rache zu üben. In jedem von uns lebt Gottes Sehnsucht nach Einheit.

Restorative justice ist ein Konzept des Umgangs mit kriminellen Taten, das seine Wurzeln in der beschriebenen göttlichen Vision hat. Dabei geht es darum, wiederherzustellen, was zerbrochen wurde – die Beziehungen zwischen Menschen. Der Prozess vollzieht sich natürlich je nach Land oder Familie des Opfers anders, aber es geht darum, die Wahrheit ans Licht zu bringen, die Wahrheit des Schmerzes ebenso wie die eine, dass Täter und Opfer Menschen sind. *Restorative justice* stellt die Menschlichkeit jedes Einzelnen in den Vordergrund und macht so Vergebung möglich. Es handelt sich um eine radikale Form der Wiedergutmachung in dem Sinne, dass alle Betroffenen zu den Wurzeln unserer gemeinsamen Menschlichkeit zurückgeführt werden, zu der Wahrheit, dass wir unabhängig von unseren Taten Menschen sind, verletzt und der Heilung bedürftig.

Vergebung ist nichts Äußerliches und nicht mit einfachem wirtschaftlichem Austausch vergleichbar. Sie verlangt von allen Betroffenen einen inneren Weg. Wie Etty Hillesum schrieb:

> *Die Schlechtigkeit der anderen ist auch in uns vorhanden. (…) Ich sehe keine andere Lösung, ich sehe wirklich keine andere Lösung, als sich dem eigenen Inneren zuzuwenden und dort all das Schlechte auszurotten. Ich glaube nicht mehr daran, dass wir an der äußeren Welt etwas verbessern können, solange wir uns nicht selbst im Inneren gebessert haben.*[21]

Eine geklaute Serviette kann man leichter vergeben als ein besetztes Land. Aber der Prozess der Versöhnung ist nicht so viel anders. Dr. Elisabeth Kübler-Ross hat Stufen des Trauerprozesses beschrieben, die uns helfen können, den Prozess der Versöhnung ebenfalls besser zu verstehen. Schließlich geht es bei Verlust und

Trauer immer auch um Spaltung und Trennung, ebenso wie bei Verletzungen und der Notwendigkeit von Versöhnung.

Die erste Stufe ist die Verleugnung. Von einer Seite oder von beiden Seiten kann eine Passivität entstehen, eine Blockade im Hinblick auf den erlittenen Schmerz, weil es uns nicht gelungen ist, zusammenzukommen. »Wenn sie mich doch nur verstehen würde und es zulassen würde, dass ich ihre Serviette weglege, gäbe es keinen Grund zur Versöhnung!« Manchmal vertieft die Verleugnung Trennungen noch, sodass wir vergessen, dass sich auf der anderen Seite etwas befindet. Wir sehen nicht einmal mehr die Notwendigkeit der Vergebung.

Während einer Einkehrzeit habe ich einmal eine junge Frau begleitet, bei der sich im Gespräch mit mir herausstellte, dass sie ein großes Misstrauen und eine starke Abneigung gegen Männer hegte. Ich fragte mich, wie ihre erste Beziehung zu einem Mann ausgesehen hatte, ihrem Vater. »Ich hasse meinen Vater«, sagte sie. Er war Lehrer an einer katholischen Schule, ein geachteter Mann. Aber wenn er von der Arbeit nach Hause kam, schloss er sich in seinem Arbeitszimmer ein und kam nicht einmal heraus, um mit seiner Familie zu essen oder Zeit mit seiner Tochter zu verbringen. Unter dem Männerhass dieser Frau verbarg sich das kleine Mädchen, das nie die Chance gehabt hatte, dem Vater seine Abwesenheit zu verzeihen. Sie war in Verleugnung gefangen, weil ihr nicht einmal klar war, dass Vergebung nötig war.

Sie hatte auch die zweite Stufe schon erreicht: den Zorn. Die Verbindung zwischen ihrer Abneigung gegen Männer und ihrer Beziehung zu ihrem Vater war ihr zwar nicht klar, aber sie war zornig auf ihn. Zorn ist etwas Wichtiges. Er zeigt uns, wo in unserer Gemeinschaft etwas nicht in Ordnung ist. Diesen Konflikt können wir dann näher ansehen, um Ganzheit und Einheit auf einer tieferen Ebene zu finden. Aber wir können nicht ewig zornig sein. Zorn ist sehr unangenehm und ermüdend, wie eine Krankheit. Und so kann aus dem Zorn auch der Drang nach Versöhnung entstehen.

Im herkömmlichen Justizsystem sieht der vorgeschlagene Weg zur Versöhnung ähnlich aus wie die dritte Stufe der Trauer: Verhandeln. Der Täter reicht dem Opfer nicht die Hand, sondern er verbringt zwangsweise Zeit im Gefängnis, muss eine Geldbuße zahlen oder bekommt eine andere Strafe, als wäre das ein sinnvoller Austausch. So geht die kanadische Regierung beispielsweise im Hinblick auf die Überlebenden der Internatsschulen vor, von denen wir schon sprachen. Nachdem sie wegen des Missbrauchs geklagt hatten, wurden ihnen unterschiedliche Geldsummen angeboten als Entschädigung für den Schmerz, der ihnen durch die Politik des Staates und unter Beteiligung der Kirchen zugefügt wurde. Aber die meisten Überlebenden ziehen nur wenig Befriedigung aus dieser Geldsumme, und die Entschädigung hat wenig Bezug zu der nach wie vor bestehenden Trennung zwischen den *Canadian First Nations* und den Nachfahren der Einwanderer, die sich später in Kanada ansiedelten. Keiner Seite ist geholfen, wenn man anfängt, »Unkraut auszureißen« und danach so zu tun, als wäre nichts gewesen.

Nachdem Verhandeln also nicht zu Heilung führt, kann ein Gefühl der Machtlosigkeit entstehen. Deshalb ist die Depression die vierte Stufe der Trauer. »Es gibt einfach keinen Weg zur Versöhnung.« Ich habe eine Frau aus Ruanda kennengelernt, deren gesamte Familie – fünfundsiebzig Menschen – ermordet worden war. »Alle reden von Vergebung und Versöhnung«, sagte sie zu mir. »Aber ich kann das nicht, ich bin nicht bereit dafür.« Sie konnte sich nicht vorstellen, woher sie jemals die Fähigkeit zur Heilung beziehen sollte. »Aber wollen Sie denn, dass die Täter getötet werden?«, fragte ich. »Nein!«, erwiderte sie schnell. »Es hat schon viel zu viele Tote gegeben.« Obwohl sie sich unfähig fühlte zu vergeben, war sie bereits auf dem Weg, sich von der Vergeltung zu befreien. Wir könnten sogar sagen, sie war bereits auf dem Weg zur fünften Stufe, der Akzeptanz. Dabei geht es nicht darum, das Verbrechen zu akzeptieren, um einen Konflikt zu vermeiden (das würde unser menschliches Wachstum stark behindern). Es geht vielmehr darum, die Menschlichkeit desjenigen zu sehen, der uns verletzt hat, oder desjenigen, den wir verletzt haben. Es geht darum, zu akzeptieren, dass wir alle Teil der Menschheitsfamilie sind und die Fähigkeit zur Liebe in uns finden müssen.

Vergebung braucht Zeit. Es ist ein Weg, ein Prozess, in dem es darum geht, die Saat des Hasses aus unserem Inneren auszureißen, damit wir dem Feind in die Augen sehen und einen Bruder oder eine Schwester erkennen können. Um mit dieser Arbeit zu beginnen, müssen wir ein Gefühl für unser eigenes Geliebtsein entwickeln, für die Präsenz Gottes in uns, der mehr bewirkt, als wir erbitten oder uns vorstellen können (vgl. Epheser 3,20). Ich habe die Geschichte einer Frau gehört, die wegen einer falschen Zeugenaussage für ein Verbrechen verurteilt wurde, das sie nicht begangen hatte. Im Gefängnis begegnete sie Jesus, der ihr half zu entdecken, dass sie geliebt und kostbar war. Die Ordensfrau, die sie begleitete, schlug ihr vor, vielleicht könnten sie im Zusammenhang mit Heilung auch das Thema Vergebung angehen. Die Frau reagierte ablehnend: »Auf keinen Fall!« Sie war absolut nicht bereit zu vergeben. Das Handeln des Täters war zu grausam, zu schmerzhaft gewesen. »Aber«, sagte sie, »ich bete, dass Gott ihm vergibt. Ich kann es nicht, aber er muss das Böse in seinem Herzen sehen, das dort alles Schöne zerstört. Ich kann ihm das nicht zeigen, aber Gott kann es.«

Vergebung heißt, an die Menschlichkeit unseres Feindes glauben und sie offenbaren. Kommen wir noch einmal zurück zu der Frau, die ihren Vater so sehr hasste. Ich hätte sie nach ihrem Großvater fragen können, um ihr zu zeigen, dass auch ihr Vater verletzt worden war. Vergebung beginnt mit Mitgefühl, mit dem Öffnen unseres Herzens für die Menschlichkeit und Verletztheit unseres Feindes. Wir können erkennen, dass Gewalt immer in einem Kontext steht. Menschen werden zu Sklaven in einer Kultur der Gewalt, verstricken sich in der Trivialisierung von Gewalt, sodass sie ihr eigenes Handeln kaum noch wahrnehmen.

Hannah Arendts Buch *Eichmann in Jerusalem. Ein Bericht von der Banalität des Bösen* erschien im Original 1963 (deutsche Ausgabe München 1964). Es beschreibt den Prozess gegen einen der Hauptorganisatoren des Mordens an Millionen Juden. Als Jüdin, die selbst vor den Nazis hatte fliehen müssen, kommt Hannah Arendt zu starken Aussagen. Ihr kam Eichmann nicht besonders blutrünstig, nicht verrückt und nicht einmal antisemitisch vor. Vielmehr gehörte es offenbar zu seiner Identität, Befehle zu befolgen, ohne sie zu hinterfragen. Sie bezeichnet das als die »Banalität des Bösen«. Wenn die Strukturen, innerhalb derer man funktioniert, extrem gewalttätig sind, dann fällt es sehr leicht, inhuman zu handeln. Wir sehen das im kleineren Maßstab auch in unseren Gemeinschaften. In der Schule oder am Arbeitsplatz wird es vielleicht normal, einen gewissen Menschen zu hänseln. Niemand hasst ihn wirklich, aber die verächtliche Rhetorik wird zur Normalität. In den USA war es normal, schwarze Sklaven zu halten. Natürlich gab es Hunderte von Plantagenbesitzern, die keine bösen Menschen waren, aber nie darüber nachdachten, den *Status quo* infrage zu stellen. In Kanada gab es ein Gesetz, das dafür sorgte, dass die Kinder der Ureinwohner aus ihren Familien genommen und in Internate geschickt wurden, wo sie ihrer Kultur, ihrer Sprache und ihrem Land entfremdet wurden. Viele Menschen, die in diesen Schulen arbeiteten und am Bösen teilhatten, dachten überhaupt nicht darüber nach, weil es normal war. Wie können wir in solchen Situationen vergeben?

Auf eine geheimnisvolle Weise sind Täter und Opfer einander ähnlich. Jeder ist eingeschlossen in einer Welt voller Hass und Gewalt. Ob wir jemanden verletzen oder selbst verletzt worden sind – wir müssen eine Möglichkeit finden, die Hand des anderen zu berühren. Vergebung ist ein Weg zur Freiheit von Zorn, Hass, Scham und Vergeltung. Auf diese Reise können wir uns nur dann einlassen, wenn wir erkennen, wie stark wir gefangen sind in unserer Weigerung, an der Versöhnung mitzuarbeiten. Freiheit verlangt, dass wir unser Selbstbild hinterfragen, alle Vorwände und Begründungen, und nur noch die Grundlagen unserer

Menschlichkeit betrachten. Freiheit heißt, dass wir nur noch die Wahrheit zulassen – denn die Wahrheit macht uns frei.

Vergebung ist ein Geschenk Gottes, eine Gnade, die wir geschenkt bekommen, wenn unsere Herzen bereit sind, wenn wir uns und die Welt von jedem »Atom des Hasses« in uns befreit haben, wenn wir fähig sind, uns leer zu machen, um den anderen zu empfangen. Das größte Beispiel der Vergebung gibt natürlich Jesus am Kreuz. Im Lukasevangelium wird erzählt, dass er sagte: »Vater, vergib ihnen, denn sie wissen nicht, was sie tun.« (Lukas 23,34) Im Johannesevangelium lesen wir von fünf Stufen der Selbstentäußerung. Zunächst wird ein Schild über dem Kopf Jesu angebracht: »Jesus der Nazoräer, König der Juden« (Johannes 19,19). Damit verliert Jesus seine Identität als Messias, Sohn Gottes, menschlich und eins mit der gesamten Menschheit. Dann zieht man ihm die Kleider aus, er wird körperlich nackt und offenbart damit all seine menschliche Verletzlichkeit, die Gott annahm, als das Wort Fleisch wurde. Danach sieht Jesus seine Mutter am Fuß des Kreuzes stehen und seinen Jünger Johannes neben ihr. »Frau, da ist dein Sohn!« – »Das ist deine Mutter«, sagt er zu den beiden (Johannes 19,26). Er schenkt seine Mutter der Kirche und öffnet damit seine Familie für uns alle. Die innigste seiner Beziehungen gibt er für die Einheit des Gottesvolks dahin. Danach weiß Jesus, dass alles vollbracht ist (Johannes 19,28). Er ist leer, verletzlich und schwach. Er hat nur noch eine Möglichkeit: die zur Aufnahme von Beziehungen.

Wenn wir allen Hass aus uns beseitigt haben, wenn wir wirklich bereit sind, unserem Feind ins Gesicht zu sehen, geschieht das in großer Verletzlichkeit. Wir sind nur noch menschlich, sonst nichts mehr. In der Vergebung spielt unser Titel oder unsere Funktion keine Rolle mehr. Unsere äußeren Bilder und die Möglichkeiten, unsere Schwäche zu bedecken, sind vergangen. Unsere Identität beruht nicht mehr darauf, dass wir jemandes Tochter oder Ehefrau, Onkel oder Sohn sind. Vergebung hat mit Verlust zu tun: Gesichtsverlust, verlorene Illusionen und Ideale. Vergebung und Versöhnung sind Verlust. In dieser Armut können wir nur noch zur Beziehung einladen.

»Ich bin durstig«, sagt Jesus am Kreuz (Johannes 19,28). Das bringt uns zurück zu dem Moment mit der Samariterin am Brunnen. Jesus in seiner äußersten Armut und Nacktheit ruft uns in die Gemeinschaft mit ihm. Der Ruf »ich bin durstig« ist auch das Versprechen des lebendigen Wassers. Die Soldaten tränken einen Schwamm in saurem Wein, statt auf diesen sehr menschlichen Schrei zu reagieren. »Als Jesus den Essig genommen hatte, sagte er: Es ist vollbracht! Und er neigte das Haupt und gab den Geist auf.« (Johannes 19,30) In seiner Einsamkeit liegt die Vollendung. Und es enthüllt sich sein letztes Geschenk, das des Geistes. Vergebung ist Tod und neues Leben. Jesus gibt seinen Geist auf und atmet ihn in die Welt. Um den Geist zu empfangen, müssen wir so verletzlich werden wie Jesus. Um die Gnade der Vergebung zu erlangen, müssen wir Verletzlichkeit und Leere erreichen.

Jesus erzählt ein Gleichnis über zwei Söhne und einen Vater. Der jüngere Sohn bittet um seinen Anteil am Erbe und zieht aus, um ein extravagantes, verschwenderisches Leben zu führen. Bald hat er das Geld durchgebracht. Um seinen Lebensunterhalt zu verdienen, verdingt er sich bei einem Bauern, wo er bei den Schweinen haust und so sehr hungert, dass er sich an ihrem Futter schadlos hält.

Da ging er in sich und sagte: Wie viele Taglöhner meines Vaters haben Brot im Überfluss, ich aber komme hier vor Hunger um. Ich will mich aufmachen und zu meinem Vater gehen und zu ihm sagen: Vater, ich habe gesündigt gegen den Himmel und vor dir. Ich bin nicht mehr wert, dein Sohn zu heißen; halte mich wie einen von deinen Taglöhnern. Dann machte er sich auf und ging zu seinem Vater. Sein Vater sah ihn schon von Weitem kommen, wurde von Mitleid bewegt, lief herbei, fiel ihm um den Hals und küsste ihn. Da sagte der Sohn zu ihm: Vater, ich habe gegen den Himmel und gegen dich gesündigt; ich bin nicht mehr wert, dein

Sohn zu heißen. Der Vater aber sagte zu seinen Knechten: Holt schnell das beste Kleid heraus und zieht es ihm an und gebt ihm einen Ring an die Hand und Schuhe an die Füße! Holt das Mastkalb und schlachtet es! Wir wollen essen und fröhlich sein; denn dieser mein Sohn war tot und lebt wieder; er war verloren und ist wieder gefunden worden. Und sie begannen, ein Freudenfest zu feiern.

Sein älterer Sohn aber war auf dem Feld. Als er kam und sich dem Haus näherte, hörte er Musik und Tanz. Da rief er einen der Knechte herbei und fragte, was das sei. Der aber sagte ihm: Dein Bruder ist gekommen und dein Vater hat das Mastkalb geschlachtet, weil er ihn gesund wiedererhalten hat. Da wurde er zornig und wollte nicht hineingehen. Doch sein Vater kam heraus und redete ihm zu. Er aber gab dem Vater zur Antwort: So viele Jahre diene ich dir und habe nie dein Gebot übertreten; mir aber hast du nie (auch nur) einen Bock gegeben, damit ich mit meinen Freunden feiern konnte. Jetzt aber, als dieser dein Sohn gekommen ist, der dein Vermögen mit Dirnen verprasst hat, hast du ihm das Mastkalb geschlachtet. Er aber sagte zu ihm: Sohn, du bist allezeit bei mir und alles, was mein ist, ist dein. Feiern aber und uns freuen müssen wir; denn dein Bruder war tot und lebt wieder, er war verloren und ist wiedergefunden worden.

(Lukas 15,17–32)

Gott ist Barmherzigkeit. Gott ist dieser Vater, der sich freut, wenn wir vergeben. Wenn wir uns ihm zuwenden und sagen: »Ich kann so nicht mehr leben, ich brauche deine Hilfe«, dann eilt Gott uns zu Hilfe. Vielleicht sind wir wie der jüngere Sohn: zerbrochen, verletzlich, mit leeren Händen abgesehen von der Realität unserer Fehler. »Vergib mir.« Vielleicht sind wir aber auch wie der ältere Sohn. Er hat Mühe mit der Vergebung, ist zornig und voller Vorwürfe, unfähig, in seinem Herzen Raum für den kleinen Bruder zu schaffen. Gott sehnt sich so danach, dass wir eins werden. Er geht zu seinem älteren Sohn, um mit ihm zu sprechen, um ihm zu sagen, dass es zwischen ihnen eine enge Verbindung gibt. »Du bist allezeit bei mir und alles, was mein ist, ist dein«, sagt er zu ihm. Er wünscht sich so sehr, dass seine beiden Söhne in Einheit verbunden sind, genau wie Gott es sich für die ganze Menschheit wünscht.

Vergebung lädt uns zum Festmahl ein, einer wunderbaren Feier für das Geschenk des Lebens. Wie der Vater sagt: »Holt schnell das beste Kleid heraus und zieht es ihm an und gebt ihm einen Ring an die Hand und Schuhe an die Füße! Holt das Mastkalb und schlachtet es! Wir wollen essen und fröhlich sein.« (Lukas 15,22 f.)

Vergebung heißt, die Einheit wiederherstellen. Schranken, die aus Furcht errichtet wurden, sind verschwunden, der Frieden ist wiederhergestellt, wir sind in Verbindung miteinander. Wir alle müssen vergeben, und wir alle brauchen Vergebung. Vergebung ist der Weg der Gemeinschaft, ein Weg, auf dem wir leichter und mit mehr Offenheit gehen. Wir lernen ständig zu vergeben, und das heißt, wir lernen zu lieben. Vergebung lädt uns zum Festmahl ein, zu einer Feier des neu geschenkten Lebens. Wir haben einen Sohn, eine Tochter, einen Bruder, eine Schwester wiederentdeckt. Vergebung ist eine Reise zur Offenbarung unserer Einheit als Menschen.

Warum sind wir hier? Wir sind hier, um Gemeinschaft aufzubauen. Warum ist das so wichtig? Weil Gemeinschaft ein Ort des Wachstums und der Verwandlung ist, ein Ort, an dem wir in Beziehung zu anderen immer weiter und freier wachsen dürfen. In der Gemeinschaft entdecken wir die grundlegende, lebensspendende Spannung von Freiheit und Zugehörigkeit. Diese Spannung gehört zum ganzheitlichen Leib der Menschheit: Du erfüllst deine Aufgabe, ich erfülle meine, und gleichzeitig sind wir vereint. Wir gehören zu einem Leib und brauchen doch die Freiheit, unsere einzigartige Rolle zu spielen, unseren angestammten Platz einzunehmen. In einer Gemeinschaft gehören wir zusammen und zu unserem Auftrag, und doch dürfen wir nicht zu

Sklaven von Strukturen und Beziehungen werden. Jeder von uns muss in der Lage sein, den Auftrag nach seinem eigenen Gewissen zu erfüllen und die anderen zu lieben. In der Gemeinschaft entdecken wir, dass Freiheit und Zugehörigkeit keine Gegensätze sind. Wenn wir in Freiheit wachsen, bringt uns das näher zusammen und wir entdecken unsere Zugehörigkeit zur Menschheit als geliebte Menschen. Und wenn wir in der Zugehörigkeit wachsen, bringt uns das größere Freiheit. Wie Bonhoeffer schreibt: »Dein bin ich, o Gott.« Das befreit ihn von seiner Furcht und Todesangst. Gemeinschaft ist der Ort, wo wir einander helfen zu erkennen, dass wir nur dann zusammengehören, wenn wir zu Gott gehören. Und das ist die größte Freiheit überhaupt.

Kapitel 17: Was zählt – im Tod und im Leben?

Ich darf die innere Stimme nicht unterdrücken, ob ich sie nun
»Gewissen« oder »Weisung meines innersten Wesens« nenne...
Dieses untrügliche Etwas in mir sagt mir: »... Fürchte dich nicht.
Vertraue dem Kleinen in deinem Herzen ... gib Zeugnis von dem,
was du gelebt hast und wofür du sterben wirst.«[22]

Was ist das, »was du gelebt hast und wofür du sterben wirst«? Auf
diese Frage gibt es keine letztgültig Antwort, aber wir können
sagen, dass das, was im Leben zählt, letztlich auch im Tod seine
Bedeutung hat. Es gibt keine Trennung, denn wir wissen inzwischen, dass der Tod ganz fest zum Leben gehört. Er ist integraler
Bestandteil dieser Wachstumsreise und umfasst all unsere Erfahrungen – die wunderbaren und die schwierigen, die nährenden
und die, die reichen Kompost abgeben. Wachstum ist eine Reise,
die uns Verlust und Gewinn bringt.

Wir haben festgestellt, dass es beim Wachstum darum geht,
Trennung zwischen Menschen zu überwinden, Schranken von
Furcht und Hass abzubauen. Bei diesem Wachstum geht es
darum, eine Gesellschaft zu werden, in der wir alle Teil einer
Menschheitsfamilie sind. Wir sollen entdecken, dass wir Teil
eines Ökosystems sind und in unserer Fürsorge für dieses System
wachsen müssen: für die Sauberkeit der Luft, die wir atmen, für
die nachhaltige Nutzung unserer gemeinsamen Ressourcen.
Wachstum heißt, unsere Verbindung zu allem zu erkennen. Allmählich unser Herz für die Menschen zu öffnen, die sehr ver-

schieden von uns sind, uns Zeit zu nehmen, ihnen zuzuhören und ihre Geschichte kennenzulernen. Es heißt, unseren Egoismus loszulassen und uns für andere zu öffnen, auch für die, die uns verletzen wollen. Wir sollen lernen, unseren Feind zu lieben. Und wir sollen lernen, diesem kleinen Etwas in unserem Herzen zu vertrauen, der inneren Stimme, die uns nie betrügt und uns zur Weisheit führt.

Eine Reise zur Weisheit

Weisheit ist nicht Wissen. Weisheit ist eine Daseinsweise, eine Suche nach dem, was wahr und gerecht ist. Es geht um ein Wachstum hin zum Ursprung und zur Erfüllung aller Dinge, um ein Wachstum hin zur Demut. Weise Menschen sind frei von dem Bedürfnis nach Macht und Sieg. Sie müssen nicht besser sein als andere, um sich zu beweisen. Sie sind offen für etwas, was alles überschreitet, was größer ist als wir alle. Wachstum in der Weisheit beginnt mit der Akzeptanz unserer Armut und der Tatsache, dass wir noch viel zu lernen haben. »Denn ihr sicherster Anfang ist Verlangen nach Bildung.« (Weisheit 6,17) Der weise König Salomo beschreibt, wie sein Weg zur Weisheit mit einer Begegnung begann, die ihn zu tiefer Demut und offener Großzügigkeit inspirierte. Er schreibt:

Der Geist der Weisheit kam über mich. Ich stellte sie höher als Zepter und Throne, und Reichtum achtete ich für nichts im Vergleich mit ihr. ... Mehr als Gesundheit und Schönheit liebte ich sie ... Arglos lernte ich, neidlos teile ich sie mit, ihren Reichtum verberge ich nicht. Sie ist ja den Menschen ein unerschöpflicher Schatz. Die sich seiner bedienten, haben Freundschaft mit Gott erworben.

(Weisheit 7,7–14)

Weisheit ist Offenheit für das, was über uns ist, ein »Hauch der Kraft Gottes« (Weisheit 7,25), der uns zum Wachstum auffordert. Wir sollen erkennen, dass das Leben eine Reise ist, die mit der Entdeckung der Weisheit beginnt, die »an der Tür« sitzt (vgl. Weisheit 6,14). Mit einer Begegnung.

Als wir in einem der vorangegangenen Kapitel über den Tod gesprochen haben, haben wir uns eine Begegnung vorgestellt, die einen Weg zu mehr Tiefe eröffnet, eine Reise in die Arme Gottes. Es ist ein Moment intensiver Freude und Freiheit, wenn wir in all unserer Armut und unserem Scheitern, mit all unseren Fehlern und unserer Kleinheit wissen, dass wir geliebt sind. Am Anfang unseres Lebens erfahren wir etwas ganz Ähnliches. Nach dem ungeheuren Bruch der Geburt werden wir zärtlich an die Brust unserer Mutter genommen. Das ist die Geburt des »ich bin«. Ich bin, weil ich geliebt bin. Dieser Moment unserer Geburt und der Moment unseres Todes ähneln sich auf eine Weise. Es geht um eine Begegnung mit Gott in uns, mit Gott, der uns willkommen heißt und liebt, so wie wir sind. Was im Tod und im Leben zählt, ist die Tatsache, dass wir Augenblicke der Wiedergeburt erleben, dass wir aus dem ersten Erlebnis unseres Geliebtseins zur Erfüllung hin wachsen. Dies ist die Reise der Weisheit, die Reise zur Einheit mit Gott.

Weisheit ist Gemeinschaft mit Gott. Gemeinschaft ist wichtig, das erste Kapitel des Johannesevangeliums spricht ausdrücklich davon: »Im Anfang war das Wort, und das Wort war bei Gott, und Gott war das Wort.« (Johannes 1,1) Ich verstehe das so: Das Wort war in Gemeinschaft mit Gott. In Gemeinschaft sein heißt, dass wir eine geheimnisvolle Erfahrung der Einheit machen. Jesus lädt uns zur Gemeinschaft mit sich ein, dem Fleisch gewordenen Wort. »Wer mein Fleisch isst und mein Blut trinkt, bleibt in mir und ich in ihm.« (Johannes 6,56) Gemeinschaft mit Jesus ist auch Gemeinschaft mit Gott, denn Jesus sagt ganz klar: »Ich und der Vater sind eins … dass in mir der Vater ist und ich im Vater bin.« (Johannes 10,30; 38) Und er betet darum, dass alle Menschen

»zur vollendeten Einheit gelangen« (Johannes 17,23). Alle sollen in Gemeinschaft mit Gott und miteinander versammelt werden. Augenblicke der Gemeinschaft geben uns einen Vorgeschmack auf das Ziel unseres Wachstums, das sich in Liebe vollzieht.

Gemeinschaft

Beginnen wir mit dem Unterschied zwischen *communication* und *communion*, zwischen Kommunikation und Gemeinschaft. Man könnte in unserer Zeit der E-Mails, Handys und Sozialen Netzwerke auf die Idee kommen, Gemeinschaft sei etwas Selbstverständliches. Mit einer kleinen Fingerbewegung können wir schriftliche Botschaften verschicken. Es macht uns kaum mehr Mühe, die Stimme eines Menschen zu hören, der Tausende von Kilometern entfernt ist. Eine schlecht formulierte Erklärung der US-Zentralbank kann in Windeseile zu heftigen Erschütterungen an den europäischen Börsen führen. So eng sind wir miteinander verbunden.

Doch trotz all dieser Kommunikationsmittel wissen wir offenbar sehr wenig über Gemeinschaft. Wie schon die Beatles sangen: »All the lonely people, where do they all come from?«[23] Wir leben in Zwei-Zimmer-Wohnungen, fahren allein im Auto und fühlen uns durch und durch unabhängig. Auf kaum wahrnehmbare Weise hängen wir einer individualistischen Vision der Menschheit an, die kaum mehr Gemeinschaft zulässt und uns Angst machen kann. Gemeinschaft lernen wir von den Verletzlichen und Abhängigen, von denen, die keine Ahnung von E-Mail, Skype und SMS haben. Wenn wir uns auf Gemeinschaft mit ihnen einlassen, können sie uns aus einer Welt der Isolation und Angst befreien. Gemeinschaft heißt, füreinander und miteinander da sein. Es geht um gemeinsame Präsenz.

Ich bin bei dir. Ich bin, weil ich bei dir bin. Mein tiefstes Sein wird erst durch unser Zusammensein offenbar. Füreinander da sein bedeutet Demut. Meine Selbstwahrnehmung verschwimmt im Zusammensein. Ich gebe mein Selbst auf, das Kreisen um meine eigenen Angelegenheiten und meine Ausreden, warum ich nicht wirklich da bin. Ich wachse im Vertrauen und in der Freiheit zur Liebe. Präsenz heißt, von der Schönheit und Zerbrochenheit anderer ergriffen zu sein, ihren Worten zuhören, ihren Schmerz und ihre Freude wahrnehmen, sich um sie kümmern. Gemeinsame Präsenz heißt, Mitgefühl zuzulassen und unser radikales Zusammensein offenbaren. Was bedeutet das? Das Wort »radikal« kommt von dem lateinischen Wort »radix« für Wurzel. Radikales Zusammensein heißt, dass wir durch die Wurzeln unserer Menschlichkeit verbunden sind und gemeinsam der Erfüllung entgegenwachsen.

Wir sind verbunden, weil in jedem von uns eine Präsenz ist, die uns führt, eine Sehnsucht nach Wahrheit, Liebe, Gerechtigkeit und Freiheit. Unser Gewissen führt uns zur Gemeinschaft, zur Erkenntnis des gemeinsamen Körpers, der die Menschheit und unseren Platz darin in sich aufnimmt. Wir sollen mit den Müttern in Kalkutta ebenso eins werden wir mit den Börsenmaklern an der Wall Street, denn wir alle sind Teil einer vielfältigen, schönen Menschheitsfamilie.

Diese Reise beginnt mit einem Augenblick, einem Vorgeschmack auf Gemeinschaft. Es kann ein Moment sein, wie ich ihn im Alter von dreizehn Jahren mit meinem Vater erlebt habe: eine Bestätigung meines Bewusstseins, der Geburt des »Ich-bin«-Gefühls. Es kann auch die Erfahrung von etwas besonders Schönem sein: ein Gemälde, harmonisch klingende Stimmen, Körper, die sich anmutig bewegen, Worte, die uns vorkommen, als kämen sie aus den Tiefen unserer eigenen Seele. Wir können einen Moment der Gemeinschaft erleben, wenn wir mit anderen feiern, essen oder uns an einen lieben Verstorbenen erinnern.

Momente der Gemeinschaft können entstehen, wenn wir etwas Besonderes und Wahrhaftiges erleben, das uns in der Tiefe unseres Herzens berührt und unser Verlangen nach Gerechtigkeit und Frieden weckt. Es kann ein Moment sein wie jener, in dem Martin Luther King jr. von dem Traum der dunkel- und hellhäutigen Menschen in den USA sprach – einem Traum von Einheit, dem Traum Gottes. Oder als Gandhi und Hunderte von Indern an dem Salt March teilnahmen, einem gewaltlosen Akt zivilen Ungehorsams auf Protest gegen die Unterdrückung der britischen Kolonialherrschaft. Sie berührten unsere eigene Sehnsucht, Gottes Sehnsucht, nach Freiheit. Momente der Gemeinschaft entstehen bei der Geburt und Wiedergeburt dieser Sehnsucht nach Wahrheit, Liebe, Gerechtigkeit, Frieden und Freiheit. Sie richten unsere Suche neu aus, sie nähren und geben uns Mut zum Weitergehen.

Ein Moment der Gemeinschaft macht uns offen für die Unendlichkeit. Wir entdecken, dass wir in die Gemeinschaft mit der gesamten Schöpfung gerufen sind: mit dem Universum; mit der Sonne, die den Pflanzen Kraft gibt, die uns ernähren; mit den Sternen, die seit Urzeiten auf uns herniederscheinen; mit dem Mond, dessen Bahn die Meere bewegt. Wir werden eins mit den Geschöpfen, die unter demselben Himmel leben wie wir, den hohen Bäumen und den riesigen Wüsten. Es beginnt mit einem Moment der Gemeinschaft und des Staunens. Aber dann müssen wir hineinwachsen. Wir müssen von den Planeten und Ökosystemen lernen, um unser Wissen zu erweitern und unsere Beziehung zu vertiefen. Gemeinschaft können wir nicht durch eigene Anstrengung erreichen, sie ist ein Ereignis auf einer Reise, die uns sagt, dass wir uns in die richtige Richtung bewegen.

Hier in der Arche gibt es oft einen Moment der Gemeinschaft, wenn wir zusammen gebetet haben. Unsere Gebete sind nicht besonders ausgefeilt. Wir zünden eine Kerze an, singen ein Lied, lesen vielleicht einen kurzen Text aus der Bibel. Dann ist jeder eingeladen, Gott etwas anzuvertrauen – etwas, wofür er dankbar ist, worauf er hofft, einen Schmerz, etwas, was er oder sie mitteilen will. Manche von uns sprechen es nicht laut aus und hoffen, dass Gott sieht, was in unserem Herzen ist. Dann halten wir uns an den Händen und beten zusammen das Vaterunser. Wie auch immer der Tag war, mit all seinem Leiden, Schmerz, seinen Unvollkommenheiten, Misserfolgen in der Liebe zueinander – jetzt sind wir als Kinder Gottes vereint. Das Gebet ist zu Ende, doch keiner beeilt sich, die Kerze auszublasen. In diesem Moment sind wir einfach nur da, in der Gegenwart der anderen. Ein warmes Schweigen senkt sich auf uns, unsere Herzen sind vereint. Dies ist ein Moment der Gemeinschaft, die Geburt oder Wiedergeburt unserer tiefsten Identität.

Unsere tiefste Identität ist die Sehnsucht nach der Gemeinschaft. Nach unserer Geburt hält unsere Mutter uns zärtlich im Arm und zeigt uns, dass unser nackter, schwacher Körper kostbar und schön ist. Sie schaut uns voller Staunen und Bewunderung an, und wir wissen, dass wir wichtig sind. Dieser Blick sagt uns: »Du bist kostbarer, als du zu glauben wagst.« Unser tiefster menschlicher Wert, unser Geliebtsein und unser Sinn für das »ich bin« wird aus dieser Beziehung zu unserer Mutter geboren. Hier erleben wir zum ersten Mal Gemeinschaft in Liebe.

»Ich bin« ist keine Einzelidentität, sondern eine Identität in Beziehung zu anderen. Im Mutterleib bin ich in meiner Mutter. Im Tod bin ich bei Gott. Erzbischof Desmond Tutu beschreibt es mit dem Wort »ubuntu«, das von der »Essenz der Menschlichkeit« spricht: »Meine Menschlichkeit ist eingefangen, eingebunden und untrennbar mit dir verknüpft. Wenn ich deine Menschlichkeit leugne, dann leugne ich auch meine Menschlichkeit. Der einzelne Mensch ist ein Widerspruch in sich.«[24] Verstehen Sie, wie sehr sich diese Sicht von dem unterscheidet, was wir normalerweise kennenlernen? Oft wird uns gesagt, wir seien Individuen. Wir verfolgen unsere eigenen Interessen, streben nach Maximierung unseres persönlichen Nutzens und hoffen, individuelles Glück zu finden. Vielleicht bin ich in Beziehung zu anderen, aber nur so weit, wie es für mich nützlich ist. Vielleicht strebe ich nach Wissen über die Sterne, die Meere und die Wunder des Universums, aber nur zu meinem persönlichen Vorteil und Vorankommen.

Aber das ist eine sehr eingeschränkte Sicht auf das Menschliche. Solange wir in einer Welt gefangen sind, die Mauern zwischen Menschen errichtet, solange wir Beziehungen zueinander und zur ganzen Erde aus anderen Gründen pflegen als mit dem Ziel der Gemeinschaft, werden wir immer in Angst leben.

Angst

Angst entsteht aus unserer ersten großen Trennungserfahrung: dem Bruch der Geburt. Die Welt ist so groß und wir sind so klein und verloren darin. Wo fange ich an und wo ende ich? Wer bin ich in diesem riesigen Raum? Es geht mir wie Adam und Eva im Garten Eden: nackt, versteckt, voller Furcht. Die Bewegung meines Lebens beginnt im Mutterleib und hat immer mit Veränderung zu tun. Im Mutterleib bin ich in Sicherheit. Und doch drängt uns die Sehnsucht nach Leben dazu, diesen sicheren Ort zu verlassen: Wir werden geboren. In der Sicherheit der mütterlichen Umarmung erleben wir denselben Kampf. Der biologische Impuls zu wachsen führt uns aus der Umarmung unserer Mutter: Wir wachsen körperlich und werden unabhängig. Die Sehnsucht nach Leben ist uns angeboren und führt uns zum Wachstum in Wahrheit und Liebe, bringt es aber auch mit sich, dass wir Angst erfahren.

Angst, tiefste Einsamkeit, weckt unser Bedürfnis, zu gewinnen, der Beste zu sein. Sie weckt unsere Zwänge. Wir haben schon über Zwänge gesprochen: Sie beschäftigen uns so sehr, dass wir unserer Angst nicht ins Gesicht sehen müssen. Vielleicht hängen wir an Facebook, weil es uns ein Gefühl der Gemeinschaft gibt. Vielleicht essen oder trinken wir zu viel, um die Leere in uns zu füllen. Oder vielleicht versagen wir uns etwas, weil uns ein unmögliches Ideal quält und wir unfähig sind, unsere einzigartige Schönheit anzunehmen. Vielleicht reden wir schnell und laut, um die anderen nicht zu hören. Vielleicht rauchen wir, weil es uns ein Gefühl der Kumpanei gibt und leere Minuten füllt. Oder wir arbeiten ununterbrochen, weil wir unbewusst den Drang spüren, etwas zu schaffen, zu erschaffen, uns zu beweisen und zu siegen.

Zwänge können zur Sucht führen. Wir lernen die ganze Woche bis zum frühen Morgen, um die besten Noten zu bekommen oder die nächste Prüfung überhaupt zu bestehen. Am Freitagabend lassen wir Druck ab, indem wir Alkohol trinken. Am Samstagabend noch einmal. Ein Wochenende geht das so, dann passiert es öfter. Und irgendwann tun wir es vielleicht jedes Wochenende. Wir kommen nur durch die Unterrichts- oder Studienwoche, wenn wir an die Partys am Wochenende denken. Vielleicht trinken wir jetzt auch abends schon mal ein Bier. Es klingt ein wenig drastisch, und natürlich kann es gut sein, gelegentlich mit ein paar Freunden auszugehen. Aber wenn wir den Alkohol brauchen, um unsere Einsamkeit zu bekämpfen, dann haben wir keine Chance auf Wachstum. Denn unsere Einsamkeit, unsere Angst, ist nichts anderes als das Leiden an unserer Sehnsucht nach dem Unendlichen, an unserer unstillbaren Sehnsucht nach Gott. Wenn wir in einem Teufelskreis aus billiger Befriedigung durch Alkohol, Drogen, Sex oder auch Arbeit gefangen sind, dann ersticken wir unseren Drang zu wachsen.

Wie können wir uns von Zwängen befreien? Ich bewundere Menschen, die sich tapfer einem Entzug stellen. Die Heilung einer Sucht ist ein extrem rigoroses Programm des spirituellen und allgemein menschlichen Wachstums. Einige der weisesten Menschen auf unserer Erde sind Mitglieder der Anonymen Alkoholiker und arbeiten mit dem Programm der zwölf Schritte. Lassen Sie uns gemeinsam einen Blick darauf werfen.

Wir gaben zu, dass wir dem Alkohol gegenüber machtlos sind – und unser Leben nicht mehr meistern konnten.
Wir kamen zu dem Glauben, dass eine Macht, größer als wir selbst, unsere geistige Gesundheit wiederherstellen kann.

Wir fassten den Entschluss, unseren Willen und unser Leben der Sorge Gottes – wie wir Ihn verstanden – anzuvertrauen.

Wir machten eine gründliche und furchtlose Inventur in unserem Inneren.

Wir gaben Gott, uns selbst und einem anderen Menschen gegenüber unverhüllt unsere Fehler zu.

Wir waren völlig bereit, all diese Charakterfehler von Gott beseitigen zu lassen.

Demütig baten wir Ihn, unsere Mängel von uns zu nehmen.

Wir machten eine Liste aller Personen, denen wir Schaden zugefügt hatten, und wurden willig, ihn bei allen wiedergutzumachen.

Wir machten bei diesen Menschen alles wieder gut – wo immer es möglich war –, es sei denn, wir hätten dadurch sie oder andere verletzt.

Wir setzten die Inventur bei uns fort, und wenn wir unrecht hatten, gaben wir es sofort zu.

Wir suchten durch Gebet und Besinnung die bewusste Verbindung zu Gott – wie wir Ihn verstanden – zu vertiefen. Wir baten Ihn nur, uns Seinen Willen erkennbar werden zu lassen und uns die Kraft zu geben, ihn auszuführen.

Nachdem wir durch diese Schritte ein spirituelles Erwachen erlebt hatten, versuchten wir, diese Botschaft an Alkoholiker weiterzugeben und unser tägliches Leben nach diesen Grundsätzen auszurichten.[25]

Klingt in diesen Schritten Ihre eigene Erfahrung an? Eine Sucht wie die nach Alkohol macht die Notwendigkeit des Wachstums besonders deutlich, aber die zwölf Schritte der Anonymen Alkoholiker beschreiben einen Weg, der für jeden von uns Bedeutung hat: einen Weg hin zur Gemeinschaft, zur Befreiung von Angst.

Athenagoras, Patriarch von Konstantinopel, schrieb:

Ich habe den Kampf gegen mich selbst viele Jahre lang geführt.
Es war schrecklich.
Aber jetzt bin ich entwaffnet.
Ich fürchte mich vor nichts mehr,
weil die Liebe die Furcht verbannt.
Ich bin entwaffnet, ich muss nicht mehr recht haben.[26]

Die Entwaffnung hat zur Folge, dass wir nicht mehr recht haben müssen. Wir müssen anderen nicht mehr beweisen, dass sie unrecht haben, nur um unsere eigenen Argumente zu bestätigen, um mehr zu haben oder alles zu besitzen. Dies ist ein Weg zur Weisheit. Es geht darum, sich von der Angst zu befreien, damit wir auf unsere innere Stimme hören können, auf die Präsenz Gottes in uns. Wachstum in Liebe heißt, Verletzlichkeit und Wirklichkeit annehmen. Es geht um Vergebung, Treue und Hilfe für andere, damit auch sie wachsen können. Und all das geschieht in Beziehung zu Gott, *wie wir ihn verstehen*. Mit einer Begegnung fängt es an, mit der Annahme unserer Kleinheit und unserem Bedürfnis nach Beziehung, um »unsere geistige Gesundheit« zurückzubekommen, um zu heilen und zu wachsen.

Wir blicken unserer Angst ins Gesicht, wenn wir begreifen, dass wir eigentlich nicht allein sind. Ich kannte einen Mann, der mit seiner Alkoholsucht kämpfte und eine gnadenvolle Zeit der Nüchternheit erlebte, solange er sich um seinen Cousin kümmerte, der ebenfalls Alkoholiker war. Dann schritt die Fürsorge ein und besorgte seinem Cousin einen Platz in einer Entzugsklinik. Und der Mann hing sofort wieder an der Flasche. Er hatte niemanden mehr, um den er sich kümmern konnte. Wir sind Gemeinschaftswesen. Der Schatz unserer Menschlichkeit, unseres Geliebtseins, offenbart sich in unseren Beziehungen zu anderen Menschen und zu Gott, der zu uns sagt: »Du bist mein geliebtes Kind, an dir habe ich Gefallen gefunden.« (vgl. Markus 1,11)

Treue zum Wachstum

Natürlich ist unsere Gewissheit, das wir geliebt sind, leicht zu erschüttern. Das »Kleine in deinem Herzen«, das Gewissen, wird leicht erstickt. Jesus ist verletzlich und schwach, und er klopft an unserer Tür. Jemand bei den Anonymen Alkoholikern bemerkte einmal, dass alle, auch diejenigen, die schon seit Jahren nüchtern sind, nur »einen Schluck von der Sucht« entfernt sind. Was brauchen wir, um den Weg des Wachstums nicht zu verlassen? Was brauchen wir, um unserem Weg zur Weisheit treu zu bleiben?

Vielleicht das Wichtigste und Schwierigste ist die Zeit. Das Geheimnis des Wachstums liegt in der Zeit, die wir uns nehmen. Zeit, um präsent zu sein und die Schönheit des Universums zu bewundern, die Schönheit von allen Menschen um uns herum. Und um die Gegenwart Gottes in allen wirklich zu sehen.

Zeit ist eine Sache der Treue zum Wachstum. Wir sprechen nicht oft von Treue, aber in dieser Bedeutung ist sie sehr wichtig. Treue hat mit Vertrauen zu tun. Auf dem Weg des Wachstums können wir leicht mutlos werden. Wir sehen nicht mehr, wohin der Weg führt, wir fühlen uns entmutigt und werden skeptisch. Treue heißt, das Vertrauen zu einer »Macht, die größer ist, als wir selbst«. Es geht um das Vertrauen, dass auch auf einem Weg, dessen Ziel wir nicht kennen, jeder unserer Schritte zum Leben führt. Dass wir in die richtige Richtung gehen.

Wenn ich auf die Geschichte der Arche-Gemeinschaft zurückblicke, sehe ich, wie viel Wahrheit darinsteckt. Kaum ein Jahr nachdem Raphael, Philip und ich unser Zusammenleben in dem kleinen Arche-Haus begonnen hatten, nahm der Leiter von Val Fleurie, der Einrichtung, wo mein Freund Kaplan war, eine andere Stelle an. Ich wurde gebeten, die Leitung dieser Einrichtung zu übernehmen. Das hatte ich nun wirklich nicht geplant, als ich nach Frankreich gezogen war. Ich hatte mir ein kleines Haus vorgestellt – und Val Fleurie war riesig. Ich hatte mir eine begrenzte, familienähnliche Umgebung mit wenigen Männern vorgestellt – und in Val Fleurie lebten dreißig Männer. Stellen Sie sich das vor!

Doch es war offenbar Gottes Wille. Die Menschen aus dem Dorf halfen uns, wir wurden von einem großartigen Psychiater begleitet, und viele Helfer kamen und blieben. Allmählich lichtete sich das Chaos, und es entwickelte sich eine pulsierende Gemeinschaft. Wir lernten einander zu lieben, wir entdeckten unseren Auftrag als Zeichen des Friedens in der Welt. Die Arche wuchs in einer Weise, die ich mir nie hätte vorstellen können. 1968 wurde ich gebeten, in Kanada ein Einkehrzentrum für Priester, Laien und Ordensleute zu leiten. Es war eine schöne Gemeinschaftserfahrung. Eine Teilnehmerin kam von den *Our Lady's Missionaries*. Sie bot uns das Noviziat ihrer Gemeinschaft mit dem dazugehörigen schönen Grundstück an, damit wir dort ein Arche-Haus aufbauen konnten. Das war unser Anfang in Kanada! Jede Gründungsgeschichte folgt einer solchen Spur der Weisheit. Es ist der »Atem Gottes«, der zur Verwirklichung der göttlichen Sehnsucht führt: einer Gemeinschaft, die von Gottes Liebe zu den Menschen erzählt. Gott bittet uns nur um Vertrauen und Glauben, um Treue zum Leben.

Aber Treue verlangt Hingabe. Und Hingabe fällt uns nicht leicht. Wenn wir uns heute umschauen, gibt es viele Stellen, an denen Hingabe zu etwas sehr Flüchtigem geworden ist. Die Menschen wechseln schneller den Job, sie ziehen um, schließen sich nicht mehr so leicht politischen Parteien oder anderen Gemeinschaften an. Die Zahl der Gottesdienstbesucher sinkt, die Menschen sind nicht mehr so verwurzelt in ihrer Gemeinde, zerbrochene Familien sind schon fast die Regel. Hingabe bedeutet, sein Haus auf festem Grund zu bauen. Jesus sagt: »Jeder, der zu mir kommt und meine Worte hört und sie befolgt ... gleicht einem Mann, der beim Hausbau in die Tiefe grub und das Fundament auf dem Felsen errichtete. Als nun Hochwasser kam, brandete die Flut gegen das Haus und vermochte es nicht zu erschüttern, weil es gut gebaut war.« (Lukas 6,47 f.)

Hingabe und Treue zum Weg des Wachstums hat drei Aspekte: Der erste ist, zu Jesus zu kommen, aus dem Verlangen nach Weisheit, Wahrheit und Liebe. So wie die Jünger aufstehen und Jesus folgen. Wir öffnen die Tür für denjenigen, der bei uns anklopft. Der zweite Aspekt ist, auf unsere innere Stimme zu hören, auf unsere Erfahrungen und auf Menschen, die klug sind und uns helfen, in der Wirklichkeit zu leben. Zuhören heißt, auf ihre Einladung und den Ruf Gottes zu hören. Der dritte Aspekt ist, nach dem zu handeln, was wir gehört haben. Es geht um eine Antwort auf das Gehörte. Wir sollen uns mit denen anfreunden, die wir willkommen geheißen haben, ihre Einladung an uns annehmen. Kommen, zuhören, handeln. Das ist der Weg des Wachstums.

Rituale der Gemeinschaft

Wie nähren wir unsere Hingabe ans Wachstum, an unsere innere Stimme und unsere Beziehung zu Gott? Für mich gehört dazu, dass ich jeden Tag die Eucharistie mitfeiere. Es ist eine Verabredung mit Jesus, mit der Liebe. Bewusst nehme ich mir Zeit, um mit ihm zusammen zu sein. Indem ich Leib und Blut Jesu empfange, erlebe ich jeden Tag einen Moment des »ich bin«. Denn ich bin in Jesus, und Jesus ist in mir. Es ist ein körperliches Gefühl des Friedens und Wohlbefindens, das mit Worten nicht zu beschreiben ist. Die Eucharistie ist ein Ritual der Gemeinschaft. Solche Rituale geben uns den Mut, weiterzumachen. Es geht nicht ums Alleinsein, sondern um eine Zeit, in der wir unsere Identität als Teil einer liebenden Gemeinschaft erfahren. Natürlich erlebt jeder die Eucharistie für sich, aber für jeden ist es eine Begegnung mit der Liebe. Rituale helfen uns, uns von der Angst zu befreien, denn sie sind Erfahrungen unseres Geliebtseins, wie es nur Gott offenbaren kann. Sie sind wie eine Wegzehrung, sie geben uns, was wir brauchen, und außerdem einen Vorgeschmack auf das, was kommt. Wir brauchen sie für unser Wachstum.

Wie sehen Ihre Rituale der Gemeinschaft aus? Es geht um eine Zeit, in der wir bewusst in unserem Körper sind, in der wir in aller Stille dem begegnen, was wir gehört, gesehen, beobachtet und berührt haben. Ein weiteres Ritual der Gemeinschaft könnte es sein, über das Wort Gottes zu meditieren, sei es ein Bibelwort oder ein anderer religiöser Text. Es geht darum, den Geist des Wortes in uns aufzunehmen, auf die Weisheit zu hören, die uns auf unserem eigenen Weg begegnet. Selbst wenn wir immer wieder denselben Text lesen, wird er uns jedes Mal auf eine andere Weise ansprechen. Das ist das Geheimnis des lebendigen Wortes.

Viele Menschen erleben Gemeinschaft, wenn sie mit behinderten, obdachlosen, sterbenden oder krisengeplagten Menschen zusammen sind: mit Menschen, die Liebe brauchen. So sieht die Gemeinschaft mit den Armen aus. Jesus sagt:

> *Ich war hungrig und ihr habt mir zu essen gegeben; ich war durstig und ihr habt mir zu trinken gereicht; ich war fremd und ihr habt mich aufgenommen; ich war nackt und ihr habt mich bekleidet; ich war krank und ihr habt mich besucht; ich war im Gefängnis und ihr seid zu mir gekommen. … Amen, ich sage euch: Was immer ihr einem dieser meiner geringsten Brüder getan habt, das habt ihr mir getan.*
>
> (Matthäus 25,35 f.; 40)

Menschen, die am Rande der Gesellschaft leben, rufen uns aus unserem ichbezogenen Dasein heraus und erinnern uns an unsere Hingabe an das Wachstum. Sie erinnern uns daran, auf unsere innere Stimme zu hören.

Momente der Gemeinschaft können Momente der Schönheit sein. Wir müssen uns Zeit nehmen, zu schreiben, zu malen, zu lesen und den Werken anderer mit Wertschätzung zu begegnen. Für einen Spaziergang in der Natur, für Musik und für das Singen. Der Kontakt mit Schönheit kann uns auf eine geheimnisvolle Weise zur Gemeinschaft mit dem Universum führen. Wir erleben etwas, was größer und höher ist als wir selbst. Wir nehmen daran teil, können es aber nicht ganz erfassen.

Momente der Gemeinschaft nähren unsere Treue, weil sie uns zur Quelle zurückführen, zum Staunen über unseren eigenen Lebensweg. In einer Ehe ist es sehr wichtig, dass die Partner sich Zeit füreinander nehmen. In diesen geheimen, gemeinsamen Momenten wird ihre Liebe erneuert und erhalten. Unsere Hingabe ans Wachstum braucht ebenfalls solche geheimen Moment der liebenden Präsenz.

Horch! Mein Geliebter!
Sieh da, er kommt …
Mein Geliebter spricht zu mir:
Mach dich auf, meine Freundin,
meine Schöne, so komm doch! …
Mein Geliebter ist mein und ich bin sein.
(Hohelied 2,8.10.16)

Legen Sie bitte jetzt dieses Buch weg und nehmen Sie sich Zeit für Gemeinschaft. Ich habe einmal eine junge Frau, die gerade in einen kontemplativen Orden eingetreten war, gefragt, wie sie betete. Sie sagte, sie säße einfach da und warte auf Jesus. Klingt nicht besonders schwierig, oder? Wenn Sie Mühe damit haben, denken Sie an einen Augenblick der Liebe, als sie von Frieden und tiefem Glück erfüllt waren, einem Gefühl des Staunens und der Schönheit. Lassen Sie dieses Gefühl ihren ganzen Körper erfüllen. Versuchen Sie nicht, es in Worte zu fassen, seien Sie einfach in diesem Gefühl und in Gemeinschaft mit der Liebe.

Anfangen

Und damit sind wir am Ende des Buchs angekommen – und am Beginn von etwas Neuem. In diesem Buch geht es ums Ringen, um die Nachfolge auf die Einladung »kommt und seht«, um Fragen. Wir haben viel gelernt, aber ich habe noch viele weitere Fragen und hoffe, Ihnen geht es genauso. Wenn wir Fragen haben, gehen wir weiter auf unserem Weg und hören weiterhin zu. Und darum geht es! Wie ich am Anfang sagte, dies ist kein Buch der Antworten. Ich hoffe aber, Sie haben festgestellt, dass irgendwo tief in ihrem Herzen die Sehnsucht nach Gemeinschaft lebt.

Es gibt einen inneren Ruf, der uns alle zur Wahrheit, Gerechtigkeit und zum Frieden führt, zu unserer Erfüllung als Menschen. Wir brauchen eine besondere Gnade, um diesem Ruf zu vertrauen und mit Zuversicht und Treue auf ihn zu antworten. Oft können wir diesen Weg als Spiritualität beschreiben. Es gibt Menschen, die sich davon abwenden und behaupten, sie seien nicht besonders spirituell. Doch es ist ein ganz allgemein menschlicher Weg. Es geht darum, eine Lebensweise zu entdecken, Rituale, Momente in der Gegenwart Gottes. All das führt uns zur Fülle der Liebe.

Auch wenn ich dieses Buch aus meiner katholischen Glaubenstradition heraus geschrieben habe, aber es sollte auch Menschen anderer Konfessionen und Religionen zugänglich sein und eine Bedeutung für sie haben. Wir alle sind Teil einer Menschheitsfamilie, geliebte Kinder Gottes. Aber es ist wichtig, dass wir in einer Tradition verwurzelt sind. Zwiespalt und Beliebigkeit verwirren uns. Es geht nicht darum, die Bräuche der anderen zu übernehmen, damit wir eins werden, sondern um eine Vertiefung unserer eigenen Traditionen und die Feststellung, dass in all unserer Verschiedenheit eine radikale Einheit liegt. Sie liegt an der Wurzel unserer Menschlichkeit. Es ist eine Einheit der Weisheit.

Unser Weg zur Weisheit ist keine Sache von Willenskraft oder Charakterstärke. Er ist viel einfacher und gleichzeitig herausfordernder: Wir kommen Gott näher, indem wir unsere Armut erkennen. Das Wichtigste ist dies: Fürchte dich nicht. Vertrau dem Kleinen, das tief in deinem Herzen wohnt. Gib Zeugnis von dem, wofür du lebst und stirbst. Es geht um Treue. Es geht darum, das Ideal von Frieden und Gerechtigkeit nicht aufzugeben, das Ideal von Wahrheit und Liebe. Es geht darum, unser Leben für das Reich Gottes aufgeben, das schon hier ist und das noch kommt. Fürchte dich nicht.

Was sollten wir fürchten? Gandhi sagt: Das, wofür wir sterben. Er sagt nicht: Das, wofür wir vielleicht sterben. Es ist unvermeidlich: Auf dem Weg zu Gerechtigkeit und Liebe werden wir dem Tod begegnen. Und natürlich fürchten wir uns davor. Gleichzeitig wissen wir, dass wir unser Leben aufgeben müssen, wenn wir es finden wollen. Wir müssen das Kreuz kennenlernen, wenn wir die Auferstehung erleben wollen. Wir müssen wissen, dass Verlust zum Wachstum gehört. Wir müssen unsere persönlichen Pläne, unseren Ehrgeiz sterben lassen, um unseren Platz in der Vision Gottes zu finden: Gottes Plan, die Welt in Wahrheit und Liebe zu einen. Gottes Plan des Friedens.

Gandhis Worte sprechen von der Demut, Mensch zu werden, Männer und Frauen des Friedens, der Gerechtigkeit, Wahrheit und Liebe zu werden. Oft scheinen unsere Träume von Frieden, Gerechtigkeit und Einheit unmöglich, idealistisch und töricht. Das müssen wir akzeptieren. Aber wir dürfen nie den Glauben verlieren, dass sie möglich werden, dass sie Wirklichkeit werden. Jede Todeserfahrung bringt uns näher zu Gott, näher zu dem, wofür wir leben. Wir sind aufgerufen zu einem Leben in Hoffnung. Hoffnung ist eine Lebensweise, die fest in der Wirklichkeit verwurzelt ist, aber sich auf ein Ideal zubewegt. Hoffnung ist Gemeinschaft, ein Zeichen radikalen Zusammenseins, des Konflikts und des Unterschieds auf dem Weg zur Vergebung. Hoffnung gibt Zeugnis von dem, was wir gehört, gesehen, beobachtet und berührt haben. Von dem, was von allem Anfang an war und was noch kommen wird. Hoffnung ist Dankbarkeit für den gemeinsamen Weg.

Biografische Skizzen

Hannah Arendt (1906–1975), jüdische Philosophin: Ihre Dokumentation des Prozesses gegen Adolf Eichmann mit dem Titel *Eichmann in Jerusalem. Ein Bericht von der Banalität des Bösen* erschien im Original 1963 (deutsche Ausgabe München 1964) und offenbart die Institutionalisierung von Gewalt und die Leichtigkeit, mit der ganz normale Menschen die schlimmsten Verbrechen begehen können.

Dietrich Bonhoeffer (1906–1945), lutherischer Pfarrer und Autor des spirituellen Klassikers *Nachfolge* (1937). Bonhoeffer wurde als Gegner des Nazi-Regimes verfolgt und inhaftiert. Kurz vor Ende des Zweiten Weltkriegs wurde er im Konzentrationslager Flossenbürg erhängt. Er blieb bis zu seinem Ende gefasst und im Gebet.

Dorothy Day (1897–1980), US-amerikanische Journalistin und Kommunistin: Dorothy Day sprach sich gegen den Krieg und für die Frauen- und Bürgerrechte aus. Sie konvertierte zum Katholizismus und gründete gemeinsam mit Peter Maurin 1933 in New York die *Catholic Worker Movement*. Day setzte sich in ihren Schriften, öffentlichen Protesten und ihrem Lebensstil für Gewaltlosigkeit ein.

Dekanawidah (der große Friedensstifter), (16. Jahrhundert): Die Schreibweise seines Namens und die Details seiner Lebensgeschichte variieren, aber Dekanawidah gehörte von Geburt an wohl zum Stamm der Huron. Gemeinsam mit Hiawatha, einem ehemaligen Krieger, entwickelte er das Große Gesetz des Friedens für die widerstreitenden Stämme in der Mitte und im Osten Nordamerikas. Sein Gesetz bildete die Grundlage der Verfassung der Sechs Nationen.

Albert Einstein (1879–1955): Einstein, den man vor allem wegen seiner Relativitätstheorie kennt, war Pazifist und glaubte an die Fähigkeit der Naturwissenschaft, die Menschheit zu einen. In der Zeit zwischen dem Ersten und dem Zweiten Weltkrieg engagierte er sich international für die wissenschaftliche Zusammenarbeit. In den Dreißigerjahren emigrierte er in die USA und reagierte verzweifelt auf den Abwurf der ersten Atombomben. Seine Unterstützung für das Projekt während des Krieges bereute er sehr.

Mohandas (Mahatma) Gandhi (1869–1948): Gandhi wurde in Indien geboren und in London als Jurist ausgebildet. Seine Erfahrungen mit rassischer Unterdrückung als Inder in Südafrika förderte die Entwicklung der *Satyagraha* (Hingabe an die Wahrheit), einem Weg des gewaltlosen Widerstands und friedvollen Lebens. Er wurde zu einer wichtigen Figur in der indischen Unabhängigkeitsbewegung und führte sie mit einer Vision von Frieden und Einheit, die rassische und religiöse Schranken überschreitet.

Esther (Etty) Hillesum (1914–1943) lebte während der deutschen Besatzung in Amsterdam. Die Briefe und Tagebücher der jüdischen Schriftstellerin geben Zeugnis von ihrer spirituellen und geistigen Entwicklung. Sie wurde im Konzentrationslager Westerbork inhaftiert und kam später nach Auschwitz, wo sie ermordet wurde.

Abdul Ghaffar Khan (Bacha Khan, 1890–1988): Als enger Freund und Gefolgsmann von Mahatma Gandhi war Khan ein

Mann der Gewaltlosigkeit und des Friedens. Er förderte die Teilnahme der Paschtunen, einer Volksgruppe in Pakistan und Afghanistan, an der indischen Unabhängigkeitsbewegung. In seinen späteren Lebensjahren engagierte er sich gegen die Trennung von Indien und Pakistan und für die Rechte der paschtunischen Minderheit.

Martin Luther King jr. (1929–1968): Als baptistischer Pastor ließ sich King von Gandhis Prinzipien der Gewaltlosigkeit inspirieren. Er wurde einer der wichtigsten Anführer der amerikanischen Bürgerrechtsbewegung und eine internationale Leitfigur im Kampf für soziale Gerechtigkeit. 1964 bekam er den Friedensnobelpreis. Er wurde 1968 ermordet.

Nelson Mandela (1918–2013), südafrikanischer Politiker: Mandela verbrachte wegen seines Kampfs gegen die Apartheid siebenundzwanzig Jahre im Gefängnis. 1990 war die internationale Kampagne für seine Entlassung aus der Haft erfolgreich. 1993 erhielten Mandela und der südafrikanische Präsident F. W. de Klerk gemeinsam den Friedensnobelpreis. 1994 wurde Mandela zum ersten schwarzen Präsidenten Südafrikas gewählt.

Sophie und Hans Scholl (1921–1943; 1918–1943): Als Studenten an der Universität München mobilisierten Sophie und Hans Scholl eine studentische Widerstandsgruppe gegen die Nazis, der sie den Namen »Weiße Rose« gaben. Die Geschwister wurden nach einer Flugblattaktion verhaftet und gemeinsam mit ihrem Freund und Studienkollegen Christoph Probst hingerichtet.

Vandana Shiva (* 1952): Shiva ist Doktor der Physik, Gründerin verschiedener Forschungsinstitute und Autorin mehrerer Bücher zu Umweltthemen wie auch zu den schädlichen Auswirkungen der Globalisierung. Sie ist Gründerin von Navdanya, einer indischen NGO, die sich für die Bewahrung traditionellen Saatguts, biologische und traditionelle Landwirtschaft, fairen Handel, Bio-diversität und andere Themen engagiert.

Aung San Suu Kyi (* 1945), Vorsitzende der Partei Nationale Liga für Demokratie in Myanmar: Suu Kyi stand fast fünfzehn Jahre unter Hausarrest. 1991 bekam sie den Friedensnobelpreis für ihren Kampf für Frieden und Gerechtigkeit. 2010 wurde sie frei und 2012 ins Parlament gewählt.

Anmerkungen

1 Nicholas Flood Davin: Report on Industrial Schools for Indians and Half-Breeds. Übersetzt nach www. indigenousfoundations.arts.ubs.ca/home/government-policy/the-residential-school-system.html

2 University of British Columbia: »The Residential School System«, in: www.indigenousfondations.arts.usb.ca; ebenso in »First Nations in Canada«, 222.aadnc-aadnc.gc.ca/en

3 Martin Luther King jr.: »I Have a Dream«, übersetzt nach: U.S. National Archives, www.archives.gov/press/exhibits/dream-speech.pdf

4 Martin Luther King jr.: »I Have a Dream«, übersetzt nach: American Rhetoric, www.americanrhetoric.com/speeches/mlkihaveadream.htm

5 Etty Hillesum: *Het verstoorde leven: Dagboek van Etty Hillesum 1941–1943.* Haarlem 1981; *Twee brieven uit Westerbork van Etty.* Den Haag 1962. Hier zitiert nach der deutschen Ausgabe: Das denkende Herz der Baracke. Die Tagebücher 1941–1943, Freiburg 2014, S. 189

6 Gaudium et Spes, 16

7 Etty Hillesum (siehe Anmerkung 5), S. 256

8 John F. Kennedy: Inaugural Speech 1961, übersetzt nach Thurston Clarke: *Ask Not: The Inauguration of John F. Kennedy and the Speech That Changed America. New York 2010*

9 Aung San Suu Kyi: *Freedom from Fear – and Other Writings.* New York 2010

10 Der Text geht weiter: »damit ihr Kinder eueres Vaters im Himmel werdet« (Matthäus 5,45). Das ist eine ungeheure Offenbarung. Denn wer sind diese Kinder Gottes? Früher in diesem Kapitel heißt es: »Selig sind die Friedensstifter; denn sie werden Kinder Gottes heißen.« (Matthäus 5,9) Die Stelle korrespondiert mit Kapitel 1 des Johannesevangeliums: Die das Wort aufnehmen, die Quelle des Lichts und des Lebens, voller Gnade und Wahrheit, »gab er Macht, Kinder Gottes zu werden«. Wenn wir also von

den Kindern Gottes lesen, dürfen wir dahinter unseren Auftrag sehen, Friedensstifter zu sein, Quelle des Lichts und Suchende von Licht, Leben, Wahrheit und Gnade in der Welt.

11 Allgemeine Erklärung der Menschenrechte, Artikel 1 und 2

12 Jonathan Tulloch: »Against the Tide«, in: *The Tablet,* November 2014

13 Hillesum (siehe Anmerkung 5), Seite 224

14 Hillesum (siehe Anmerkung 5), Seite 191

15 Maurice Zundel: *Un autre regard sur l'homme.* Paris 2005, Seite 107

16 ebd., Seite 121

17 ebd., Seite 122

18 Hillesum (siehe Anmerkung 5), Seite 189

19 Plato: Apologie 40 cf.

20 Aus der Grundsatzerklärung der Arche-Gemeinschaft

21 Hillesum (siehe Anmerkung 5), Seite 140.

22 M. K. Gandhi: *My Nonviolence,* 154, übersetzt nach: *Mahatma Gandhi: All Men Are Brothers.* New York 2005, S. 49

23 John Lennon und Paul McCartney: »Eleanor Rigby«, auf: *Revolver,* EMI 1966

24 Zitiert nach P. H. Coetzee und A. P. J. Roux: *The African Philosophy Reader.* London 2003, S. 416

25 Aus der Grundsatzerklärung der Anonymen Alkoholiker

26 Zitiert nach Breandan Leahy und Michael Mulvey: Priests Today: *Reflections on Identity, Life, and Ministry.* New York 2010, Seite 102